FAO中文出版计划项目丛书

性别敏感的农村咨询服务

——提升家庭农业在减少贫困和保障粮食安全中的作用

联合国粮食及农业组织　编著

李　敏　译

中国农业出版社

联合国粮食及农业组织

2019·北京

图书在版编目（CIP）数据

性别敏感的农村咨询服务：提升家庭农业在减少贫困和保障粮食安全中的作用 / 联合国粮食及农业组织编著；李敏译 . —北京：中国农业出版社，2019.12
（FAO 中文出版计划项目丛书）
ISBN 978-7-109-26029-0

Ⅰ. ①性… Ⅱ. ①联… ②李… Ⅲ. ①农村－咨询服务－影响－粮食问题－研究－中国 Ⅳ. ①F326.11

中国版本图书馆 CIP 数据核字（2019）第 228334 号

著作权合同登记号：图字 01-2018-4705

性别敏感的农村咨询服务——提升家庭农业在减少贫困和保障粮食安全中的作用
XINGBIE MINGAN DE NONGCUN ZIXUN FUWU——TISHENG JIATING NONGYE ZAI JIANSHAO PINKUN HE BAOZHANG LIANGSHI ANQUAN ZHONG DE ZUOYONG

中国农业出版社出版
地址：北京市朝阳区麦子店街 18 号楼
邮编：100125
责任编辑：汪子涵
版式设计：王 晨　责任校对：巴洪菊
印刷：北京中兴印刷有限公司
版次：2019 年 12 月第 1 版
印次：2019 年 12 月北京第 1 次印刷
发行：新华书店北京发行所
开本：700mm×1000mm 1/16
印张：4.5
字数：90 千字
定价：42.00 元

粮农组织和中国农业出版社。2019 年。《性别敏感的农村咨询服务——提升家庭农业在减少贫困和保障粮食安全中的作用》。中国北京。72 页。

许可：CC BY - NC - SA 3.0 IGO。

本出版物原版为英文，即 *Enhancing the potential of family farming for poverty reduction and food security through gender－sensitive rural advisory services*，由联合国粮食及农业组织于 2015 年出版。此中文翻译由中国农业科学院农业信息研究所安排并对翻译的准确性及质量负全部责任。如有出入，应以英文原版为准。

本信息产品中使用的名称和介绍的材料，并不意味着联合国粮食及农业组织（粮农组织）对任何国家、领地、城市、地区或其当局的法律或发展状况，或对其国界或边界的划分表示任何意见。提及具体的公司或厂商产品，无论是否含有专利，并不意味着这些公司或产品得到粮农组织的认可或推荐，优于未提及的其它类似公司或产品。

本信息产品中陈述的观点是作者的观点，不一定反映粮农组织的观点或政策。

ISBN 978-92-5-108957-6 （粮农组织）
ISBN 978-7-109-26029-0 （中国农业出版社）

缩　略　语

CBO　　　　　　社区组织
FAO　　　　　　联合国粮食及农业组织
FFS　　　　　　农民田间学校
GFRAS　　　　　农村咨询服务全球论坛
HLPE　　　　　　高级专家小组
ICT　　　　　　信息通信技术
IFAD　　　　　　国际农业发展基金
IFPRI　　　　　国际粮食政策研究所
ILO　　　　　　国际劳工组织
PO　　　　　　　生产者组织
RAS　　　　　　农村咨询服务
SEWA　　　　　自雇妇女协会
UN　　　　　　　联合国

致　　谢

　　本文是联合国粮食及农业组织（FAO）社会保障司和研究与推广小组共同努力的结果。

　　作者对以下人员及机构提供的宝贵成果和评价表示感谢，他们分别是：Ana Paula De La O Campos（联合国粮食及农业组织，性别政策官员），Francesco Pierri 先生（联合国粮食及农业组织，政策官员），以及 Rasheed Sulaiman 先生［印度，创新与科学政策研究中心（CRISP）］，他们为本书的早期版本做出了贡献。作者同样对 May Hani（联合国粮食及农业组织，政策官员）和 Francesca Cofini（联合国粮食及农业组织，推广顾问）为本书进行技术预审表示感谢。最终的语言编辑由 Thorgeir Lawrence 完成。

目　　录

缩略词 ……………………………………………………………………… vii

致谢 ………………………………………………………………………… viii

引　言 ……………………………………………………………………… 1

第1章　概述 ……………………………………………………………… 3

1.1　家庭农业、粮食安全以及减轻贫困中的性别差距问题 ……… 5
1.2　性别敏感的农村咨询服务的重要性 ………………………… 7

第2章　提供性别敏感的农村咨询服务所面临的挑战 ……………… 9

2.1　用户视角下获益于农村咨询服务所面临的挑战 …………… 10
2.2　提供者视角下性别敏感的服务供给所面临的挑战 ………… 15

第3章　实现性别敏感的农村咨询服务的策略 ……………………… 24

3.1　对女性用户的有效包容 ……………………………………… 25
3.2　针对女性时间和行动限制的策略 …………………………… 26
3.3　针对女性教育和文化限制的策略 …………………………… 27
3.4　赋予女性表达其需求与代表其权益的权利 ………………… 28
3.5　改善农村咨询服务的传递方式及内容 ……………………… 30
3.6　提拔女性担任农村咨询服务顾问和管理者 ………………… 37
3.7　创造一种性别敏感的组织文化 ……………………………… 39

第4章　结论 ……………………………………………………………… 43

参考文献 …………………………………………………………………… 50

引　言

家庭农业在减少贫穷及保障粮食安全方面成效显著、贡献突出。家庭农业以家庭成员为主要劳动力，而家庭成员的能力、机会及制约因素又很大程度上取决于其性别和年龄。这些特征也决定了女性和男性在农业活动中的角色、责任、决策权及生产效率。由于女性较少获得生产资料、资源、服务及谋生机遇，因此家庭农业的成功带有强烈的性别色彩。这种性别差距由家庭内部的动态所决定，并因农业、农村景观的变化而加剧，在此情况下，移民加剧、气候变化、争夺稀缺资源的新生势力不断涌现等问题，都将对家庭农场及其可持续性、家庭生活水平的改善构成严峻的挑战。综上所述，对性别不平等现象的忽视，造成了生产力低下、农村持续贫困等问题，随之影响农业经济及整个社会的家庭生计状况。农村咨询服务（RAS）在解决性别不平等问题方面发挥了重要作用，推动了家庭农业的长期成功。但是，在帮助农村男性和女性实现粮食安全、创造更多收入等方面，农村咨询服务（以及农业推广）项目在设计实施需求驱动的相关服务时并没有达到预期。

通过筛选核查大量论及"性别敏感的农村咨询服务"的现有文献，本书确立了4个目标。第一，整理记录性别差异对获取农村咨询服务造成的障碍，以及在提供服务时如何有效对接女性农民这一目标人群所面临的挑战。第二，本书提供了农村咨询服务中一些良好实践的策略案例，这些策略成功地满足了女性农民在增强其经济赋权等方面的具体需求。第三，在良好实践的基础上，本书针对如何改善性别敏感的农村咨询服务提出了相关建议。第四，针对以需求为驱动力的性别敏感的农村咨询服务，我们应当采取何种行动，来确保这些已被掌握的、良好的实践经验，应用融合到农村咨询服务的规划设计及服务供给中，本书中也有相应的思考。

本书的早期版本曾发表于首届亚太农村咨询服务国际会议（APIRAS）和第五次农业推广教育及自然资源管理议会，后者于2014年9月2日至4日在伊朗举行，其主题为"推进信息化创新发展，赋予家庭农业更多权益"。早期版本的相关研究，也是"农业推广与农村咨询服务体系在保障粮食安全及家庭农民生计可持续性中的作用"这一研究的部分成果。

第 1 章　概　述

女性在农业及农村发展中扮演着重要角色，并对家庭及整个社会的粮食安全做出了根本性贡献。在家庭农业中女性的重要性更是不言而喻，因为一个家庭的生计要依赖于家庭成员的共同努力。家庭农业是当下最普遍的农业形式，超 5 亿个家庭农场负责全球 80% 的粮食供应（Lowder 等，2014；HLPE，2013；FAO，2014a）。在巴西，家庭农民在不到 25% 的耕地上平均提供若干主要农作物约 40% 的产量（FAO，2014a）。在斐济，家庭农场仅利用 47.4% 的耕地，提供了 84% 的山药、大米、木薯、玉米和大豆生产（FAO，2014a）。

除粮食生产外，家庭农业还兼具了环境、社会、文化等其他多方面的功能，这也使其成为一种独特的生产体系和生活方式。但无论作为一种生产体系还是一种生活方式，家庭农业都面临着诸多威胁。例如，像第 1 章的 1.1 中所述，家庭内部的分工安排以及传统习俗中的性别规范都给女性农民带来了许多挑战，并对她们的生产力水平产生了负面影响。在本章中，笔者认为，在家庭农业背景下实现粮食安全，要以解决农村性别不平等问题为前提。在本章 1.2 中，笔者建议，在家庭农业的背景下，对性别敏感的农村咨询服务加大投入，对于提高女性农民的社会和经济赋权来说是一项有效的策略，同时对确保粮食安全、减少贫困也具有积极的作用。通过性别敏感的农村咨询服务，女性的确可以学到最新的、更为实用的农业技术，获得与农场经营职责相关的专业建议，获取市场机遇、服务、其他生产性投入和机会的渠道。希望农村咨询服务能够帮助女性本身及其家庭提高产出、增加收入、促进粮食稳定。为了实现这一目标，了解女性农民的需求至关重要。因此在第 2 章的 2.1 中，笔者分析了女性在获益于农村咨询服务时所面临的挑战，同时在 2.2 中阐述了供应方在提供此类服务时所遇到的困难。在第 3 章，笔者总结方法并介绍了如何应对挑战的一些良好做法，以提供更具包容性的、更加公平的农村咨询服务。

通过借鉴联合国粮食及农业组织（FAO）（2010a）与农村咨询服务全球论坛（GFRAS）（2012）中对农村咨询服务的定义，本书中的农村咨询服务是指：为农民、农业食品体系及农村发展相关领域的其他参与者，提供所需信息及咨询服务的各种活动。这些服务涵盖了从技术到组织、从业务到管理的各种技能和实践经验，用以改善农村生计和福祉。农村咨询服务的定义肯定了提供咨询服务的参与者的多样性（包括公立机构、私营企业、民间团体、农民组织），同时也肯定了对农村社区的广泛支持，这就使农村咨询服务超越了传统意义的技术转移和信息传播[①]。

1.1　家庭农业、粮食安全以及减轻贫困中的性别差距问题

联合国粮食及农业组织将家庭农业定义为：从事农林牧渔业生产活动的一种组织方式，这些活动由家庭管理和经营，并主要依靠家庭劳动力完成。家庭和农场相互联系、共同发展，同时还兼有经济、环境、繁衍、社会、文化功能（FAO，2013）[②]。因此，家庭农业不仅是一种生产手段，还是一种生活方式，一种传承和传播文化与农业知识的模式（Van der Ploeg，2013）。然而，家庭农业受到诸多因素的制约，主要包括产品价格低，投入成本高，市场波动，对稀缺水土资源的强大利益竞争，适应气候变化的需求以及发展政策中对农业的忽视。所有这些因素都削弱了农民维系自身及其农村社区乃至整个社会的能力，进而对全球范围内的农村生计和粮食安全产生不利影响（Van der Ploeg，2013；Villarreal，2008）。

除去上述种种挑战，农业中的"性别差距"也进一步阻碍了家庭农业潜力的发挥。考虑到女性在农业中的重要地位，这一现状就更加令人担忧，女性平均人数占农业劳动力的43%，然而在许多国家，女性的生产作用却被归为无偿的家庭劳动，进而导致女性在大多数情况下并未计入统计数据内（FAO，2011）。因此，女性在农业普查中常常被忽视（FAO等，2010；IFAD，2011；World Bank，2012）。另外，大多数小农户都以女性为主，但由于男女生理结构不同，女性的生产力水平要低于男性，以至于她们的贡献被边缘化（FAO，2011）。

在家庭农业中，有几个关键领域应当解决性别不平等问题，以确保生产和收入的持续提高。在家庭农业中，造成女性生产力低下的不平等因素主要包括：女性获取生产资源的机会较少，对于家庭内部的劳务分工，女性总是首当其冲；一些正规机构和特定机构对女性权利的忽视，尤其是继承权、财产权和土地所有权，将女性农民排除在生产者组织之外，导致她们无法获取相应的知识、投入和权利；另外，就农民而言，无论是男性还是女性，获得农村咨询服

---

　①　在本书中，笔者提倡使用"农村咨询服务"这一专业术语，而非其近义词"农业推广"，准确地讲，后者由于偶尔带有负面含义，应避免使用。农业推广有时被认为是一种老式的、自上而下的技术转移方式。因此，笔者更倾向于用农村咨询服务来传达一种更具包容性、需求驱动性、有参与感的知识转移方式，这种方式更专注于促进知识的互动、学习和分享，而非自上而下的信息及技术转移。只有当参考资料来源不明导致"农村咨询服务"不能使用时，笔者才使用"农业推广"一词。

　②　www.familyfarmingcampaign. net/en/family-farming/concept。

务提供的资源和学习机会，对于充分利用时间、提高效率都至关重要，但在这一方面女性同样缺少获取机会。在发展中国家，尽管在过去十几年试图将性别问题纳入农业推广服务的主流（Ragasa，2014），但无论对于男性还是女性，农村咨询服务的供给水平仍然很低，而与男性相比，女性获取服务的机会则更少（Meinzen-Dick 等，2011；Ragasa 等，2013；World Bank 等，2010）。联合国粮食及农业组织在 1988—1989 年开展了覆盖 97 个国家的农业推广调查①，其中的性别分类数据显示，在所有的推广资源中，仅有 5％的资源被分配到女性群体中。然而，相关证据表明，缩小性别差距将有助于释放女性的生产潜力。联合国粮食及农业组织预估，如果女性能拥有与男性对等的生产资源，她们便可以将农场产量提高 20％～30％，并可使发展中国家的农业产出平均增长 2.5％～4％，而对于那些在农业中女性参与度更高但性别差距却更大的国家，这种收益将会更加明显（FAO，2011）。女性生产力的提高取决于性别关系的根本性变化及男性的积极参与，同时男性也必须意识到他们也是争取性别平等及生产资源共享的参与者和受益者（Farnworth 等，2015）。

此外，女性对保障粮食安全的贡献不仅限于生产层面，她们同时还承担了照顾家庭的主要责任。无论是给下一代直接的食物供给保障（产前营养、母乳喂养），还是对家庭的整体福祉投资（所需食物、子女教育），女性都比男性付出更多（World Bank，2012；FAO，2011c）。大量研究表明，女性赋权与家庭营养状况呈正相关，相反，当女性权益受损时则会呈现负相关（Van den Bold 等，2013，Quisumbing 等，2003）。

这些发现使人们认识到加强女性赋权投资的重要性，而在众多方法中，性别敏感的农村咨询服务是改善家庭整体营养状况、保障粮食安全和提高家庭福祉的一项有效策略（ADB 等，2013）。由于家庭成员的决策权、工作量和利益分配往往有很大差异，因此为了在家庭农业的范围内实现女性赋权②，需要对性别角色和家庭内部动态有充分的了解（Bishop-Sambrook，2014）。此外女性和男性在资源分配上也存在差异，他们在家庭中的相对议价能力，会在营养、教育和健康等方面影响到所有家庭成员的整体福祉（Van den Bold 等，

---

① 遗憾的是，这是最近一次有关农业推广的全球性综合调查，这也说明我们迫切需要开展一项类似的全球范围内的研究，以便提供最新的信息，来指导农村咨询服务的政策制定和项目开发。

② 尽管女性赋权还没有准确定义，但当论及提升女性经济水平、加强女性权利和能动性时，会经常使用这一概念。Golla 等（2011）认为，所谓女性赋权，就是女性不仅要有获得经济成功和进步的能力，而且还要有做出和执行自己决定的权利。这两个部分都是实现女性及其家庭更好生活所必需的，经济提升可以促进女性享有更多权利，并提高她们的能动性。同时，当女性能够控制和分享资源（享有权力），并制定和做出决策（提高能动性）时，她们在经济上能获得更好的发展。

2013；Alderman 等，1996；Hoddinott 等，1995；Quisumbing 等，2003）。因此，必须把克服女性在家庭内外所面临的限制，作为消除贫穷、饥饿和营养不良的关键组成部分（FAO，2013）。

1.2 性别敏感的农村咨询服务的重要性

上文中笔者强调了女性在保障粮食安全方面的根本性作用，认为家庭农业中的性别差距限制了女性的生产能力。现在笔者将进一步提出，实行性别敏感的农村咨询服务是一种非常有前景的策略，通过纠正男女在获取信息、知识和技术方面的不平等，进而有效地"缩小性别差距"。相应的，性别敏感的农村咨询服务的实施，将有望提高女性的生产力水平，从而稳定粮食生产，提高家庭收入。反之，当农村咨询服务存在性别盲视时，便会对女性农民的产出及家庭粮食安全造成不利影响，以下实例可以证明这一点。

在埃塞俄比亚高原的研究发现，女性户主家庭的每公顷产值比男性户主家庭少35%，而造成这一差距的原因，一方面是女性农民获得生产性投入资源的水平较低，另一方面是女性获取推广服务的机会较少（FAO，2011a）。此外，来自布基纳法索（Alderman 等，1995）、喀麦隆（Kumase 等，2010）、贝宁（Kinkingninhoun-Mêdagbé 等，2010）、科特迪瓦（Adesina 等，1997）和津巴布韦（Horrell 等，2007）等国家的大量研究也同样支持以下结论，即男性和女性之间的农业产量差距主要是由获取生产资源和推广服务的差异所造成的。与现有农村咨询服务相关的性别差异同样降低了女性的生产力。来自撒哈拉以南非洲地区的最新研究发现了一个解释生产力差距的关键因素，那就是为女性提供农业咨询服务和信息的收益较低，这意味着与男性农民所获的信息相比，女性农民获得的信息往往很少有助于提高她们的农田生产力（O'Sullivan 等，2014）。这说明在农村咨询服务供给中存在着一定的性别歧视，从而导致农村咨询服务规划和决策中的性别盲视问题。

世界银行（World Bank）和国际粮食政策研究所（IFPRI）（2010）在埃塞俄比亚、印度和加纳开展的一项研究发现，对于不同地区、不同类型的家畜和作物生产，农村咨询服务获取水平各不相同。这一水平还随农场规模而变化（参见《世界粮食及农业状况 2014》图 21），无论是男性还是女性，小规模生产者获取公共的农村咨询服务的机会要少于大型农场。而与男性相比，女性往往经营小型农场，因此她们获取农村咨询服务的机会更少。此外，自上而下的推广模式侧重于鼓励农民采纳运用成套技术产品，却往往忽略了那些贫困农民，从服务提供者的角度来看，这些人恰恰缺乏有效利用其服务的相关技能或手段。在这些被忽视的农民中，女性占比较高（世界银行等，2010）。为了解决在获取农村咨询服务方面的不平等问题，农村咨询服务全球论坛建议农村咨询服务机构针对那些旨在减少任何内在性别歧视的活动，进行一次反思检查（Chipeta，2013）。

第 2 章　提供性别敏感的农村咨询服务所面临的挑战

在本章中，笔者要阐述在提供性别敏感的农村咨询服务中将面临的阻碍。本章的 2.1 集中讨论了农村女性在获益于农村咨询服务时所面临的挑战，而 2.2 则从服务提供者的角度描述了在向农村女性提供有效的农村咨询服务时所面临的挑战。

2.1　用户视角下获益于农村咨询服务所面临的挑战

正如第 1 章所强调的，女性必须克服许多挑战，才能获得并受益于农村咨询服务。家庭内部分工安排会受到传统性别角色、法律制度和社会文化规范的限制，凡此种种构成了阻碍女性获取农村咨询服务的一些结构性障碍。这些制约因素降低了女性多方面的能力，如获得教育的能力，赚取并控制个人收入的能力，购买或获取生产性投入的能力，有足够的空余时间参与到服务组织中甚至领导团队或组织的能力，与其他服务部门建立联系的能力等。这些限制反过来又影响她们获取农村咨询服务以及提高家庭农场生产力的能力。上述问题及其他可能的挑战将在下面的章节中有详细阐述。

2.1.1　认可女性农民为农村咨询服务的合理用户

从性别角度分析农村咨询服务的一个基本问题涉及如何界定服务的用户，提供者对服务受众群体的认识，以及他们是否将女性视为合理用户等。在许多情况下，由于人们普遍认为女性在农业中所发挥的作用并不大，而且农村咨询服务提供的建议最终会从男性户主向其他家庭成员"逐渐渗透"，因此农村咨询服务机构更容易接触到男性农民而非女性农民（Bello-Bravo 等，2011；FAO，2011c；Farnworth 等，2015；GIZ，2012）。认为女性在家庭农业中的作用仅限于负责家务这一错误观念，是忽略了女性对经济作物产收作出贡献的重要事实。实际上，女性自身也低估了她们对农业的贡献。Rubin 和 Manfre（2012）曾在报告中提到，洪都拉斯的一项研究发现，女性把她们的农业活动简单地说成是"帮助丈夫"，尽管她们参与了经济作物的大量产收活动。如果女性自己上报说她们并未参与耕种，那么这种自我认知可能会误导农业统计。由于传统上大多数女性种植的农作物和生产的农产品都是在家庭内部消费或在当地销售，因此这些产品的经济重要性就被忽视了（Rubin 和 Manfre，2014）。Farnworth 和 Colverson（2015）指出，"女性作物"和"男性作物"这两个术语常被误用，因为它们并不一定表示男性或女性对某一特定作物的整个生产周期都负有责任，确切地讲，这些术语表明了是谁控制了产品的销售及其商业化产生的收入。尽管如此，他们还发现在一些国家，农村咨询服务提供者仍然偏向于仅为女性提供家庭菜园及家禽的相关信息，他们认为女性只是管理家庭菜园而不是田间耕种。因此，女性在农业生产中的作用被低估，她们没有被当作农村咨询服务的重要用户，从而导致她们未能得到充足的咨询服务。

那些针对获取农村咨询服务的正式或非正式的选择标准，同样使女性难以获取这些服务。Manfre（2012）通过参考在肯尼亚进行的一项研究，发现农村咨询服务的受益者是根据他们可用的最小土地面积、文化水平以及购买投入资源的能力来进行选择的。在其他案例中，受益者的选择往往是非正式的，由村主任和农村咨询服务外勤人员来决定，而这些决策者一般是男性，所以通常不可能选择女性。由于社会文化规范的约束以及对女性的结构性歧视，女性往往无法满足这些选择标准，因此获得的服务比男性要少。不仅如此，即使农村咨询服务是向一般"农民"提供，女性同样可能被排除在外。Manfre（2012）引用 Doss（2002）提供的例证，说明农村咨询服务提供者将农民定义为如下几类：农户户主、耕地所有者、享有农产品销售收入的个人。报告显示，这些定义中的每一类都对女性获取农村咨询服务构成挑战，原因有以下几点：女性可能没有土地或者耕种废弃的土地，或者她们为家中男性成员所种地块提供农业劳力，或者她们无法获得也无权决定农产品销售所得的家庭收入（Manfre，2012）。正是由于这些原因，以这种一般性的、忽视性别因素的方式将"农民"作为农村咨询服务的目标用户，毫无疑问地会加剧性别差异，并导致女性获取农村咨询服务的机会不均，也不能从中获益。这种性别排斥现象说明，我们需要对农村咨询服务用户进行重新定义，从而能够触及更多的女性农民。同样重要的是，农村咨询服务提供者必须认识到，女性农民是一个多元化的群体，可能需要采取多种策略来帮助她们并解决她们的不同需求。

2.1.2　时间和行动限制

家庭农业中的性别分工导致女性在家庭中承担多重责任，这限制了她们参加其他活动的时间，包括参加农村咨询服务活动。在许多国家，女性承担主要的家务琐事，包括做饭、打扫卫生、看孩子及照顾病人和老人。除此之外，正如 Manfre（2012）所提到的，女性还承担了诸如打水、拾柴、打理菜园和一些非正式创收活动，以及农作物、牲畜的生产和加工。所有这些工作都会占用女性大量的时间，并限制她们参与更多的生产活动（Blackden 等，2006；Action Aid，2013；FAO，2011b）。

国际粮食政策研究所有关乌干达国家农业咨询服务（NAADS）的一项研究发现，时间负担过重是阻碍女性获取服务机会的诸多因素之一，而女性时间负担过重主要是因为其肩负三重责任，即生产责任、抚育后代的责任以及服务社区责任（Meinzen-Dick 等，2011）。一项针对尼泊尔农村咨询服务方案可用性的评估发现，由于时间的限制，女性获取服务的机会要少于男性（Baha-durGhartiMagar，2011）。评估还发现，有必要减少女性的工作量，以促进女性参与到农村咨询服务活动中，例如通过提供低成本、便于操作的机器。此外，季节性农业劳动及随之引起的男性人口迁移也会加重女性的工作量，并减少她们参与农村咨询服务活动的时间。

表 2-1 中有关女性和男性在生产活动及养育后代方面所花费的时间数据表明，如果将家务活动也计算在内的话，女性的工作负担要远大于男性。在所有的案例中，女性投入在工作上的时间都多于男性。其他有关时间利用的数据也表明，无论在发达国家还是发展中国家，女性从事无偿性工作的比例都过高（ADB 等，2013；Antonopoulos，2009；Budlender，2008；Chopra，2015；OECD，2010；Grassi 等，2015）。

表 2-1　女性和男性在生产活动及养育后代方面所花费的时间

国家	女性用于家务活动的时间（分钟/天）	男性用于家务活动的时间（分钟/天）	女性用于生产活动和家务活动的时间（分钟/天）	男性用于生产活动和家务活动的时间（分钟/天）	年份
卢旺达	231	77	436	342	2010
坦桑尼亚	253	75	504	420	2006
巴勒斯坦	293	55	329	304	2012
摩洛哥	300	43	381	368	2011
孟加拉国	216	84	528	498	2012
埃塞俄比亚	246	66	423	384	2013
加纳	209	69	455	378	2009
巴西	202	52	372	368	2012
厄瓜多尔	330	81	493	423	2012

数据来源：联合国妇女署，2015。

例如，在巴勒斯坦、巴基斯坦和土耳其，男性花在家务上的时间甚至不到女性所用时间的 1/5（UNDESA，2010）。有更早的证据表明，在委内瑞拉，女性花在家务上的时间是男性的 11.5 倍，这是一个超乎寻常的数据（UNDP，1995）。根据《1995 年人类发展报告》（UNDP，1995），在委内瑞拉，女性和男性在国民经济核算体系（NSA）所界定的活动中共花费了 123 亿小时，其中男性和女性分别占 89 亿小时和 34 亿小时。然而，如果将所有市场和非市场（即家庭活动）的工作时间都计算在内的话，总工时将上升至 221 亿小时。在这其中，女性贡献了 124 亿小时，而男性仅贡献 97 亿小时，因此，在委内瑞拉，有 56％的工作是由女性来完成的，而男性只完成了其中 44％的工作。在喀麦隆，女性每周在创收活动上花费 12 小时，而每周用在生产粮食及照料家庭上的时间则超过 50 小时，相比之下，男性用在这两类活动上的时间分别为 22 小时和 9 小时（Arora 等，2013）。

此外，医疗服务匮乏、效率低下，托儿所短缺，以及基本交通和卫生基础设施不完善的状况，这些因素都会影响女性参与农村咨询服务培训，因为她们必须为照顾孩子、病人和老人做相应安排，或者她们必须徒步很长时间来获取安全的水和柴火（Kes 等，2006）。对于那些希望确保女性参与的农村咨询服务提供者而言，所有这些服务的情况都与他们息息相关，因为基础设施缺乏或落后都会严重阻碍女性参与农村咨询服务活动。

此外，由于时间限制、交通限制以及潜在的社会和文化障碍，女性农民往往比男性农民的流动性要差，这阻碍了她们到村庄以外的地方去旅行（FAO，2011）。她们有可能没有交通工具，也有可能是负担不起。在一些文化中，社会文化规范不允许女性外出旅行或参加公共活动。例如，在孟加拉国的一些地区，如果没有男性监护人的陪同，女性不能外出（Manfre，2012）。如果农村咨询服务活动是在女性不经常参加或不能参加的地区举行，那么女性的参与率可能较低。联合国粮食及农业组织在赞比亚东部省份开展的一项研究发现，由于交通不便或者无法做到离开村子几周，又或者两者兼有，女性无法参加培训课程（FAO，1996）。总而言之，由于家庭工作量、社区基础设施或社会规范等分布不均，导致女性的时间和行动受限，从而使她们难以参加甚至不能参加农村咨询服务培训。

2.1.3　教育和文化限制

尽管全世界在儿童教育方面已经取得了进步，但成人教育，尤其是针对成年女性的教育，仍然比较落后。世界银行的统计数据显示，尽管成年女性的识字率有所提高（从 1985—1994 年的 69％上升到 2005—2012 年的 80％），但女性的识字率仍比男性低（2005—2012 年为 89％）（World Bank，2014）。由于存在结构性的不平等，包括社会对女性形象及期望的不平等，发展中国家农村女性接受的正规教育往往较少，因此女性受教育水平要低于男性。相应的，这就可能限制她们积极参与到广泛使用书面材料的训练活动中（Hassan 等，2014）。教育也直接关系到农业生产力，世界银行（1997）对来自乍得的数据进行经济计量分析后发现，开展成年农村女性教育是提高农业生产力的一种有效手段，因为受教育程度越高的女性越容易接受新的技术与实践。研究还发现，受过教育的女性更容易成为农村女性学习的榜样，因此加强女性教育会对社区内农业生产力产生广泛的影响。

语言障碍同样会阻止女性获取并受益于农村咨询服务。在一些国家，与男性相比，农村女性大多不会讲国语，而国语恰恰是大多数农村咨询服务活动用来沟通交流的语言（Quisumbing 等，1995）。如果读写能力存在问题的话，不仅不能理解他人所说的语言，即便培训材料被翻译为当地语言也有可能无法充分理解。另外，对所使用的语言也可能存在一些文化偏好，例如在伊拉克，来自库尔德族的参与者不愿意用阿拉伯语表达自己或参加培训（Abi-Ghanem 等，2013）。此外，本地方言可能是最终用户的首选，对他们来说，如果培训教材是用国语编写的，其使用性则会受到限制（Esim 等，2009）。除此之外，有些用语（"性别""创业"或"非正式就业"）可能不能引起当地群众的共鸣，因为这些术语在当地语言中往往没有对等词语，也不可能反映出符合本土情境的特殊含义。这一被称为"概念的外来性"的问题，会在最终用户对相关内容难以消化时遇到，因为这些内容是以一种难以理解的方式被表述出来的（Esim 等，2009）。

因此，农村咨询服务提供者必须将这些"外来"概念翻译成本地可接受、可理解的术语，并采取适当的表述方法来克服所有读写能力的限制。对所提供信息的理解能力（包括识字能力、语言能力及对概念性观念的掌握能力），会影响女性使用新信息和新技术的能力。

2.1.4 话语权和代表权

会员制机构，是一种可以阐明女性农村咨询服务需求并代表她们权益的有效途径。从全国农民联合会及合作社，到一些组织较为松散的团体和协会，这些农村机构在形式、目标、会员资格和其他因素等各方面都不尽相同。其中生产者组织（PO）是会员制机构的一种普遍形式。在生产者组织中，从获取信息、农村咨询服务及其他农村服务，到参与集体行动，建立社会资源，再到进入投入产出市场，接触到政策制定者等，对于每一个环节而言，参与度都是至关重要的。然而，越来越多的证据表明，与男性相比，女性在农村组织中的代表性往往不足，因此常常得不到组织提供的福利和服务（Kaaria 和 Osorio，2014）。

世界银行和国际粮食政策研究所在埃塞俄比亚、加纳和印度等地区开展的一项研究中发现，在埃塞俄比亚，有 24% 的男性和 4% 的女性参加了某种合作社，但只有 13% 的男性和 2% 的女性参加了农业合作社。研究还发现，在埃塞俄比亚，男性担任合作社领导职务的可能性是女性的 5 倍；在印度，只有

10％的乳制品合作社由女性担任主席（World Bank 等，2010）。正如 FAO（2014），Kaaria 和 Osorio（2014），以及 Agrawal（2001）所指出的，阻碍女性参与和领导生产者组织的因素有很多。这些因素通常与社会文化规范、家庭内部分工以及有关公共空间性别隔离的行为规范有关。当女性加入这些团体时，她们可能无法在男性主导的环境下表达自己的观点，因为文化规范禁止她们反驳男性，尤其是年长的男性。此外，包括会费及控制或拥有资产（特别是土地和收入）在内的准入规则同样可能阻碍女性参与到生产者组织。不仅如此，许多生产者组织仅可以为每个家庭中的一位提供会员资格，这通常会导致成年男性代表了整个家庭。而其他诸如教育、培训、信息获取、偏好和个人动机等多方面因素，也都在一定程度上对女性参与生产者组织起到限制作用（FAO，2014a）。

合作社和其他生产者组织在女性赋权方面有着巨大潜力，但却往往因结构性歧视而无法实现。因此，女性可以寻找其他形式的、更容易接触到并理解她们需求的组织，如社区组织（CBO）。以加纳和肯尼亚为例，我们发现这些理解女性需求的组织还包括了教会团体、自助团体、妇女团体及储蓄贷款协会等（Ragasa 等，2013）。在这些组织中，女性可能更容易表达自己的心声，提升自身的权益。农村咨询服务方案往往把生产者组织或者其他社区组织作为接触农民的已有渠道，但为了提高女性获取农村咨询服务的机会和能力，需要对组织的一些固有缺陷加以考虑。

2.2　提供者视角下性别敏感的服务供给所面临的挑战

除了以上详细讨论过的结构性障碍及由此产生的挑战之外，农村咨询服务提供者还面临一些其他限制，导致他们无法提供性别敏感的农村咨询服务，并对女性需求和诉求做出回应。农村咨询服务提供者（无论是公立的、私有的还是非营利性的）往往缺乏有效针对女性的知识、能力、资源和有利环境。本章对农村咨询服务人员及其组织在设计和提供农村咨询服务时所面临的一些局限性进行了说明，其目的是在家庭农业的背景下促进农村女性赋权。

2.2.1　人力资源与人员配置

在许多文化中，男性农村咨询服务顾问与女性村民交谈是不允许的。FAO（2003a）、Carter 和 Weigel（2011）的报告中也曾指出，在其他一些文化中，同性间的互动才会让女性感到更为轻松自如。作者认为，这是因为女性农村咨询服务顾问往往更容易通过叙述自身经历，引导女性同伴探讨特定的话题，与她们侃侃而谈。然而，女性农村咨询服务人员的数量仍然很低，世界上只有15％的农村咨询服务人员是女性（FAO，2011c）。在有些社会环境中，女性不被允许或者不愿意与家庭核心成员之外的男性会面，因此女性农村咨询服务顾问的缺失对女性获取咨询服务造成了很大的阻碍。在这样的情况下，有必要增加女性农村咨询服务顾问的数量，并提高她们的能力。值得注意的是，对女性服务人员的偏好并不是普遍性的，往往随地区甚至省份产生变化，具体要视当地文化和特定地理环境而定（Meinzen-Dick 等，2011）。同样，在适当的情况下，只要具备了提供性别敏感咨询服务的能力，男性服务人员也可以为女性农民提供同等有效的农村咨询服务（FAO，2011c）。

被雇佣的女性农村咨询服务人员也会因为许多原因而面临障碍，阻碍她们的业绩和晋升。在许多社会中，社会文化规范，包括幼儿时期形成的观念，都可能削弱女性的自信心和决定力，从而进一步限制女性在工作场所中与男性竞争的能力（FAO，1998；FAO，2003a；AFAAS，2011）。传统的以男性为主导的组织形态、女性职业发展中的种种障碍、性别歧视、女性榜样的缺失、缺少获得援助体系的途径、无法获得男性同事及客户的认可——所有这些因素都给女性农村咨询服务人员增加了一定的难度（FAO，2003a；Carter 等，2011）。所有这些问题都亟待解决，以便帮助女性提升能力，成为称职的农村咨询服务顾问和管理者。

在从事野外工作时，女性农村咨询服务顾问可能面临独自外出或者晚归的情况，或者两者兼有。一项来自洪都拉斯和萨尔瓦多的研究报告（FAO，1998）曾指出，出于安全因素或者需要照顾孩子等原因，女性工作者必须在天黑之前从野外赶回家中。在许多情况下，自行车或摩托车可能是她们仅有的交通工具，然而在某些文化中，女性是不允许使用自行车或摩托车的，或者对女性来说这些交通工具都太笨重，她们很难驾驭（FAO，1998）。这就可能会降低年轻女性选择从事农村咨询服务顾问工作的兴趣，同时也限制了女性农村咨询服务顾问接触农民的机会，尤其是那些生活在偏远地区的农民。在巴勒斯坦，交通不便已成为阻碍女性农村咨询服务人员无法去农场服务客户的最重要原因，且是唯一原因（CIRD，2011）。同样，出于对女性推广人员人身安全保障的考虑，以及面向解除女性行动限制的需求，FAO（2003a）在巴基斯坦开展了有关女性推广助理的案例研究，并整理记录了相关内容。

女性在参加在职培训或者面临职业发展机遇时，同样可能遇到一些与性别相关的、特殊的困难。一份关于乌干达女性农村咨询服务顾问的调查（AFAAS，2011），发现了以下若干限制女性参与在职培训活动的因素：有关野外工作的临时通知，使女性很难在外出期间安置好家人，缺乏托儿场所，没有针对孕妇的特殊餐饮，以及对男女独立的住宿和卫生设施的需求。研究还发现，在没有充分时间准备下所规划的野外工作，通常会给女性农村咨询服务人员及其家人带来较高的情感成本和社会成本。所有这些因素都限制了女性农村咨询服务人员从事推广工作的潜能，并亟待解决。

2.2.2　农村咨询服务提供者的个人能力

从历史上看，农业推广的作用就是向农民传授经研究所产生的新的、更好的农业实践与技术的相关信息。然而大量文献都批评这种单向技术转移方法是自上而下的，未能认识到知识的多源性，未能有效地将农民、科研人员和推广人员联系起来，以及未能使工作人员和相关组织对农民尽到应有的责任。自上而下的或单向的系统组织方式并不能激励工作人员对用户负责，而且对偏远农村地区以及女性和贫民的影响通常是有限的（Feder 等，2006；Davis 等，2010，Ragasa，2014）。

正如在第 1 章概述中所定义的，农村咨询服务更多的应该是有关信息、知识和技术的分享与获取，以及与他人建立联系与合作，实现创新。这种知识转移是通过新的传递方法来推进的，新的传递方法是基于相互学习和需求主导的参与式规划原则。农村咨询服务还被期望于扩大其服务范围，从而可以覆盖并帮助农民应对更多农业挑战（如气候变化，粮食价格居高不下，以及自然资源枯竭等），另外还应该提供市场信息，进行健康和卫生培训，促进信贷和其他生产性资源的获取等，这些都是众多需求中的一部分（FAO，2010；Davis 等，2012）。然而，这种范式化的变化无论在方法还是内容上，都未必能转化为增强个体工作人员提供性别敏感的农村咨询服务的能力。

Johnson-Welch 等（2000）曾对来自撒哈拉以南的 4 个非洲国家的 13 项粮食安全案例进行分析研究并发现，总体上与将性别观念纳入主流的项目相比，涉及参与机制方法论的项目更加成功。作者认为上述现象产生的原因有以下几个：①与性别分析工具相比，这些组织对参与式工具更为熟悉，或者他们认为参与式工具更容易获取和使用；②与挑战社会性别规范相比，员工认为鼓励参与更为轻松；③与量化性别关系变化相比，项目更容易评估参与效果。"参与度"可以用参加培训或活动的人数加以简单记录，虽然这一指标不能很好地说明有效参与情况，但它便于汇报，因此更能满足项目需求。上述 3 个原因也有助于解释，为何在性别敏感服务供给所需的知识和工具都已具备的情况下，提高农村咨询服务性别敏感度的进展依旧缓慢。

因此，鉴于性别敏感的农村咨询服务丰富的内涵和外延，其工作人员可能需要一套广泛的技能，包括管理、沟通、与创新体系相关利益者建立联系的能力以及相关专业技术知识。然而，大多数农村咨询服务提供者，无论是公立还是私营，对于一些新热点、新技能或者性别相关问题缺乏足够的认识和系统培训，也不了解相关的工具、培训手段和方法，但这些对于解决性别不平等问题、克服其对农业生产的负面影响是必不可少的（FAO，2010；GIZ，2012）。因此，为了提高效率，农村咨询服务提供者必须培养相关技能，以了解男女性别角色及女性农民多样化的要求和诉求，从而设计适合的项目方案。女性并不意味着具有性别敏感性，同时目前绝大多数农村咨询服务工作人员仍旧是男性，鉴于以上两点，无论男性还是女性农村咨询服务顾问和管理者，都必须接受有关性别问题的培训，只有这样，才能提高为女性提供信息和知识的相关性及质量。当这种培训被应用于农村咨询服务人员所熟悉的工具和方法中时，不仅能够让工作人员轻松处理性别问题，还能提高他们有效使用参与式工具的能力。同样，对管理者进行性别培训，可以帮助他们更好地理解性别对组织目标的重要性和相关性，并增加他们对提供性别敏感服务的支持和领导能力。

2.2.3 传递与表达方式

如上所述，农业支持服务的提供形式随着时间的推移发生了深刻的变化，并朝着更多参与式方法发展，而这种参与式方法则专注于农民、农村咨询服务提供者和其他知识机构（研究机构、农业培训机构等）之间的相互学习及相互作用。我们可以将参与式方法理解为以更加自下而上的、需求驱动的方式提供农村咨询服务。然而，在设计和开发这些参与式方法时，要以考虑性别角色和性别关系为前提（Ragasa，2014）。例如，农民田间学校（FFS）就是一个很好的实例，因为这些学校往往被认为能有效地让农民参与农业研究和开发。然而，Bello-Bravo 和 Agunbiade（2011）发现，在西非，农民田间学校在确保女性平等参与方面面临若干挑战。这些挑战与农民田间学校的选拔过程以及其他因素有关，比如女性的年龄和婚姻状况，与怀孕及子女数量相关的时间限制，宗教和文化及土地所有权模式等。

另外一个行之有效但是很具挑战性的方法实例，是通过某一群体来传递农村咨询服务。他们既可以是单一性别群体，也可以是男女混合群体（如生产者组织），以村为单位的群体或者与活动相关的群体。Manfre 等（2013）强调，尽管单一性别群体可以让女性表达她们的诉求，并将她们很好地组织起来，但是由于女性会将自己获取资源的水平与男性群体进行比较，因此这种单一性别群体可能会进一步固化隔离，并加剧资源获取的不平等性。相反，男女混合的群体能够为女性提供相关渠道，让她们接触到更多、更好的男性人际圈、资源和信息，但是这样的群体也可能会催生新的性别行为模式（Manfre 等，

2013)。

总而言之，在这些方案的设计与规划阶段，参与式方法和基于群体的方法的成功使用，也取决于对性别问题的纳入。

(1) 信息通信技术

运用基于信息通信技术 (ICT) 的应用软件进行农村咨询服务供给，为农村女性提供了获取信息的一种有效途径，这些应用软件能以较低的成本广泛传播信息，对用户的识字能力不做要求，并且可以定制本地化语言。在不同国家，越来越多的公私部门采取行动，试图通过基于信息通信技术的农业服务惠及农村女性农民和贫困人口，这正好验证了上述观点〔可以参见来自肯尼亚的实例 (Manfre 等，2013)，以及其他来自美国国际开发署的实例 (USAID，2012)〕。最近的一项研究回顾了 17 个非洲国家的女性获取信息通信技术的情况 (Gilward 等，2010；Ragasa，2014)，发现在获取和使用互联网服务方面存在显著的性别差异。尽管男性平均每天收听无线电台的时间比女性要多，但与获取其他技术相比，收听无线电台这种方式对农村女性而言更为行之有效。其他研究表明 (Sorensen，2002；Ragasa，2014；USAID，2012)，虽然移动电话的使用机会对于男性和女性越来越均等，但在农村地区，男性拥有和使用电话的可能性还是要高于女性。

造成这种差距的原因可能包括，女性识字能力和受教育水平有限，经济能力和时间受限，女性缺乏空闲时间，或者她们认为在家庭中技术是男性的特权。

当农村咨询服务方案能够直接提供信息通信技术时，无论面向个人还是群体，农村女性获取技术的机会都会有所提高。但如果技术不是由农村咨询服务组织直接提供，由于缺乏购买技术的可用资源，女性获取技术将面临更大的障碍，这也意味着在家庭中女性将无法拥有和掌控技术 (Manfre，2012)。其他研究发现，即使信息通信技术直接由农村咨询服务组织提供，但技术由男性主导这一观念仍然影响着信息通信技术在农村地区的分布，从而使这些方案带有一定的性别倾向性。总之，由于农村女性所面临的一系列障碍（例如文化水平较低、技术能力较低、耗时的家务活、缺乏对手机的控制、收入水平、社会文化规范等），发展中国家的女性获取和使用信息通信技术的比率往往要比男性低，所以在制定依赖于信息通信技术的农村咨询服务方案时，要考虑到这一点。

(2) 农村咨询服务所提供的内容

农民对服务的需求并不能一概而论，需求很大程度上取决于农民的性别、务农家庭的社会经济特征，包括受教育程度、家庭农场与农场土地的规模、管理和控制的资源质量以及获得其他生产性资产和资源的程度。同时，女性也代表着农村咨询服务用户中的一类特殊群体，她们的需求和优先权取决于年龄、阶级和社会经济地位等因素。通常情况下，由于农村咨询服务、研究和其他发展方案是基于国家政策制定的，没有充分表达男性、女性小农生产者的需求和诉求，并且认为男性才是农民的主力军和农村咨询服务的主要用户，因此，农村咨询服务所涵盖的主题并不一定满足男性、女性小农生产者的不同需求和诉求。例如，许多国家的女性主要负责种植供家庭消费的粮食，因此仅针对经济作物生产的农村咨询服务基本上将女性排除在服务范围之外（GIZ，2012）。有其他证据表明，由于专注于"农业"和"农民"，农村咨询服务通常忽略了领域以外的活动，如一般由女性负责的收获后的加工处理活动。还有一些其他研究表明，尽管传统上女性负责生产主要的家庭粮食作物，但同时也生产一些经济作物，因此她们应该接受相关的农业培训，以便获取进入市场、增加创收的机会（World Bank 等，2010）。

然而，女性往往只在家庭经济方面接受培训，包括儿童营养和教育，她们被排除在更为技术性的话题之外。这反过来又使女性沦为传统角色，并强化了人们对女性能力的刻板印象（Manfre 等，2013）。女性在家庭农业中扮演着各种角色，包括参与经济作物、家用粮食的生产和加工，以及为家庭成员准备食物。农村咨询服务提供者和其他创新主体（研究机构、生产者组织、私立部门等）都应该对这些活动加以重视，因为它们构成了改善女性生计、生产力和整体粮食安全的有力切入点。此外，鉴于农场中各种角色的转变，提供基于用户需求的内容就显得尤为必要。近年来，许多地区都面临着男性向城市迁移加剧，或由于战争、艾滋病等原因导致的男性数量下降等问题。在这样的情况下，女性可能需要接管之前由家庭中男性负责的家务和作物生产。所有这些因素都需要在进行性别敏感的农村咨询服务内容规划时加以考虑。

农村咨询服务机构涵盖的内容，很大程度上取决于农业创新体系（研究机构、大学及其他知识机构，包括生产者组织）所能提供的信息。过去几十年来，农业研究的重点都是增加产量，进而影响农村咨询服务计划也朝着这一方向发展，过分聚焦于技术而忽视了其他内容，如农场管理、市场营销、农民组织的发展与加强、多方利益相关者合作过程的促进与协调。

（3）农业技术

技术也存在一定的财富和性别倾向，因此会影响到权利关系，进而减少贫民和女性获取技术的机会。研究表明，忽视性别因素的技术创新往往会使男性比女性获益更多，因为其减轻了男性的工作负担，却增加了女性的农业工作量（Quisumbing 等，2009）。例如，在叙利亚，机械化降低了整地等工作对男性劳力的需求，这就使男性可以去寻求农业之外的高薪工作机会，然而这同时也增加了对女性劳动密集型工作的需求，如移栽、除草、采收和加工（Abdelali-Martini 等，2014）。在土耳其，由于男性占用机械，农业劳动的机械化导致参与农业劳动的女性人数在下降。由于教育欠缺、社会文化规范限制，以及机械不是为女性使用设计的，因此，女性不愿意采用机械化技术（Ozcatalbas 等，2010）。一项研究发现，在刚果（金），由于社会规范规定木薯加工是女性的职责，所以高产木薯品种的引进会导致女性过度劳累。而由于工作量的增加，女性会选择恢复种植低产量的品种。这种情况下，该项技术并不适合其社会环境，因为它没有考虑到创新带来的社会影响（Campbell 等，1998）。与此类似的，在塞内加尔，女性养牛者往往拒绝棚舍养殖技术（这套技术包括一个牛棚、一种饲料补充技术，以及一套动物保健方案），尽管牛奶产量因此而增加，但这项技术却需要大量的额外劳动力（Fisher 等，2000，Peterman 等，2010）。

因此，只有当技术变革不仅能够提高生产力，同时也能够解放女性劳动时间时，又或者当提高生产力水平不需要额外的时间投入时，女性才可以受益于技术变革。此外，需要注意的是，如果技术变革能够提高整个家庭的劳动产出和土地产量，同时女性也能够获得至少一部分因产量提高而产生的收入，那么她们才会受益其中。然而，在许多情况下，女性缺乏对土地收益的控制，并靠农业劳动作为获得收入的唯一手段。因此，如果规划和引进不当，劳动密集型技术变革将会增加对女性劳动力的需求，而节省劳力的技术则会剥夺女性的创收机会（Carl 等，2010；Unhnevehr 和 Stanford，1985，Meinzen-Dick 等，2014）。

从历史上看，国家农业科研体系一直以经济作物和商业性农业为导向，很少投资于对女性更有用的其他主题的研究。这一趋势再加之科研机构的性别盲视性，会使知识和技术普遍集中到生产规模较大的男性农民的需求上。虽然女性可以从与经济作物有关的技术和信息中获益，但正如上文所述，她们还有更多内容需求被农业科研系统严重忽视。在许多国家，大多数农业研究人员、管理者和决策者都是男性，而农村女性的观点和需求常常不在考虑范围之内（Beintema，2014）。一项覆盖 64 个国家、从 2003 年延续到 2008 年的研究发现，平均而言，农业科研人员中女性的比例为 23%（既包括公立机构，也包括私立机构），管理人员中女性的比例仅为 14%（Meinzen-Dick 等，2011）。领导职位缺乏性别均衡意味着关于研究议题和政策的决定主要由男性裁决，而女性则很少参与。虽然男性科学家可以从事与女性相关并有助于女性的研究主题，但这需要研究人员和管理者了解农村性别角色以及女性农民的兴趣和需求。目前，许多农业研究机构都缺乏这类专业知识（GIAR，2012）。由于研究层面上的性别盲视性，农村咨询服务机构所提供的知识和技术通常也存在性别偏见。

此外，经济限制或文化规范约束同样可能导致女性无法获得相关技术。因此，技术可以加强或削弱权力关系，这取决于采用或占用的性别特征。因此，如果不深入了解各种农业技术及其对不同用户和环境的适宜性，就很难预测这些技术产生的性别影响。今后需要进一步加强农业科研和其他知识机构的性别敏感度与需求导向性，这也正是技术筛选和开发需要加大投入的地方。

2.2.4 组织文化

农村咨询服务可以由政府、非政府组织、私人公司、农民组织和其他非国家实体提供。每一个提供者往往在性别方面都会有不同的组织文化，并通过一套核心价值观、信念、实践和原则来诠释。组织文化很可能会影响员工对工作中性别角色的看法。农村咨询服务的资料描述和沟通交流也经常受到"感知偏差"的影响，理所当然地假设农民都是男性（参见 2.1.1）。早期甚至现行的一些推广理念仍是根据这一假设来制定的，这导致决策的制定、目标的确定、员工的雇佣、提供服务的模式和服务内容都存在一定偏差（GFRAS，2012）。其他研究证实，有性别盲视性的组织会提供有性别偏见的服务。Buchy 和 Basaznew（2013）在分析埃塞俄比亚南部地区的实地推广和官僚体制时发现，由于组织内部缺乏解决性别平等问题的明确措施，所以导致在与女性农民建立联系方面尝试不足。

农村咨询服务组织面临的一个关键挑战是制定有效的性别政策，最重要的是制定相应的正式程序和体制机制，确保政策的高效实施，并促进组织文化朝着更大的性别平等的方向转变和发展。缺乏性别政策很可能伴随着缺乏解决性别问题的具体程序、指导方针或职责范围（Mogues 等，2009）。

政府机构往往是由男性主导的，如果要在这样的组织中得到晋升，女性必须能够在这种文化中工作。这种社会和思想的传统设定会渗透到农村咨询服务机构中，并导致从事性别工作的官员得不到与其他技术官员一样的平等对待（Mogues 等，2009）。此外，女性往往被委派到行政岗位或担任"传统女性"角色，如秘书、营养师或者家政人员等。决策制定过程往往是集权化的，而女性可能无法进入组织的中级和高级管理层（Hunt，2000a；CGIAR，2012）。联合国粮食及农业组织（2011a）在巴基斯坦的一项研究发现，推广局妇女推广小组的女员工，在 17 年的服务期内从未得到晋升。根据研究，缺乏职业发展是由于部门内缺少相关的人力资源指导方针。除此之外，女员工根本没有机会提高她们的知识和技能，因为她们既没有进修培训的机会，也无法使用任何办公室或现场活动所需的现代设备（CGIAR，2012）。所有这些因素都严重限制了女性参与决策过程的能力，进而影响她们把握和改善女性农村咨询服务相关事宜的机会。

Cohen 和 Lemma（2011）在埃塞俄比亚的 4 个区域进行了另外一项有关性别对农村咨询服务分布影响的研究，发现围绕性别产生的组织文化在不同的地区办事处之间有很大差异。因而，地区女性事务办事处的效率水平也不尽相同。在提格雷州这一研究区域中，女性事务办事处的工作人员训练有素，与地区妇女组织和地区政府其他部门建立了强有力的合作伙伴关系。因此，在区域规划、方案实施及监测评估中，性别平等已经实现了主流化。无论是区域高级管理部门还是农村咨询服务外勤人员，都参与了与非政府组织合作举办的性别培训。尽管仍存在各种外部制约因素，但女性事务办事处的工作人员依旧能够胜任自己的工作，同时农村咨询服务供给中的性别敏感度也有所提高。相反，在奥罗米亚州这一研究区域中，对于性别平等问题存在一种很消极的组织文化。地区政府的领导表现出明显的性别歧视，分配给女性事务办事处的资源很少。该地区将学校教师转入女性事务办事处，仅基于一个原因，她们是女性，更能够胜任与性别相关的工作。然而教师们并未接受任何性别培训，而且拥有的预算也非常有限。在该地区领导岗位上没有女性代表，并且女性也不是"真正的决策制定者"（Cohen 等，2011）。

总之，性别平等的农村咨询服务在组织文化领域面临着独特的挑战，在正式和非正式层面上，组织文化具有系统性和个体性。就组织结构而言，所面临的挑战包括：提高农村咨询服务提供者的性别包容文化水平，激发组织对于性别平等和女性赋权的履职，鼓励权力下放和公平的决策过程，在组织内开展文化活动，以彰显和认可将性别平等纳入主流的良好做法。所有这些挑战都是相互关联的，一个领域的变化往往又与其他领域的变化有关。而非正式层面的挑战最难解决，包括带有性别歧视的规范和价值观以及由此产生的性别排斥行为（Rao，2012）。因此，需要付出更多努力来激励个人和组织去兑现改变现状所需的承诺和责任。

第 3 章　实现性别敏感的农村咨询服务的策略

3.1 对女性用户的有效包容

如在第 2 章中所强调的，农村咨询服务用户的定义方式或预先确定的入选标准，会影响农村咨询服务对农村女性需求和优先权的关注程度。

证据表明，使用"农民"这一更为广义的词语来定义农村咨询服务用户，会将女性排除在外，因为她们不被认同为"真正的农民"。因此，根据农村咨询服务的定义（见第 1 章），农业和农村咨询服务不仅应该提供给"农民"，还应该提供给普通农村人群，并根据他们的具体角色和责任，以及需求、约束和最为迫切需要解决的问题等因素，提供相应服务。在这方面印度有两个成功的案例，分别为发展行动职业援助组织（PRADAN，一个非政府组织）的工作和国家农村生计项目（NRLM）的工作，在这些组织中，女性被认为是合理用户，并且这一观念从组织战略文件开始，一直贯穿到现场干预措施中。国家农村生计项目（NRLM）是印度政府实施的一项减贫行动，该项目对女性给予强烈关注。女性农民赋权项目（MKSP）是国家农村生计项目的一个分支，它给予了女性农民明确的支持，并且致力于"确立女性农民的合法地位，因为尽管大部分的农业活动几乎都是由女性负责，但女性仍是一个迄今为止都不被认可的群体"（印度农村发展部，2013）。从2011 年启动以来，女性农民赋权项目已经为 5 000 多名女性提供了各类服务，包括农业、畜牧业、市场营销、农村创业等各方面的培训，以及如何获取其他项目和资源等。

插文 1 将女性有效纳入农村咨询服务用户中：以发展行动职业援助组织为例

发展行动职业援助组织是一个印度非政府组织，通过将女性作为服务对象，提高了女性在其项目中的参与度。发展行动职业援助组织于 2010年启动了性别平等项目，这一决定是基于一个组织共识，即由于社会文化限制，一般的"家庭创收"项目没有充分惠及女性。通过创建一个旨在为女性设计的项目，发展行动职业援助组织已在 9 个项目中共惠及了 80 000名女性。性别平等项目的实施，使女性参与者逐渐开始挑战社会对于女性和女性角色的认知。

来源：PRADAN，2015。

同样，对于获取农村咨询服务所需的明确或者隐含标准（如土地所有权，创收控制，最低收入水平和生产力水平，以及用户的识字能力），因为其可能会带有固有的性别歧视性，所以通常会阻碍女性获取相应服务。因此，应该认真设计农村咨询服务准入的选择标准，以免将女性和其他弱势群体排除在外。例如，在肯尼亚，Saito 和 Weideman（1992）发现 3 种有效策略，用以增长女性相比于男性被选为"领军型农民"的比例，即：①鼓励村主任和其他地方领导强调女性在农业中的作用，并促进女性参加会议；②宣传女性参与农村咨询服务活动的重要性；③从那些真正参与劳动的农民中，按业绩选拔"领军型农民"。

3.2 针对女性时间和行动限制的策略

农村咨询服务体系需要创新运用灵活的手段来解决农村女性的时间和行动限制问题。例如，对于 2.1.2 中概括的所有原因，农村咨询服务活动所选择的一天当中的阶段和时间，对男性和女性的出勤都会产生很大的影响。因此，农村咨询服务提供者需要了解女性每天、每季度的日程和时间安排，便于她们调整农村咨询服务活动以适合女性的空闲时间。此外，活动的持续时间也应该做出相应调整以提高参与度，例如，培训应该分模块进行，这样每个部分所需的交流成本就会降低。安排现场托儿服务或其他社区服务（健康中心、老年人护理、供水设施等）对于确保女性参与也至关重要。此外，活动举办地点也同样重要。由于文化障碍或时间限制，女性可能无法离家远行。这种情况下，最好直接在女性劳动工作的田块或者就近场所提供培训（Carter 等，2011；Campbell 等，1998；FAO，1996；Manfre 等；2013）。

泰国和菲律宾的推广人员将服务送到农村社区，而不是要求女性离开村庄去参加活动，这样就能够克服女性行动不便的限制。流动性乳品推广和培训服务被发现可以增加女性获取技术培训和生产投入品的渠道（Stephens，1990；Naimir-Fuller，1994）。在埃塞俄比亚，EMPOWER 项目让整个家庭都参与农村咨询服务培训，以此作为克服女性行动约束的方法。在埃塞俄比亚的农村地区，男性对女性的行动进行了大量的控制，由于行动受限，加之繁重的家务负担，女性很难参加农村咨询服务培训（Wordu 等，2013）。通过鼓励男性携带妻子参加培训活动，EMPOWER 项目增加了女性获得新信息的机会（Gallina，2010）。类似的，秘鲁"塞拉生产计划"的成功因素之一，就是推广和咨询服务是在女性自家或邻家田块里直接提供的。在尼加拉瓜，以一种适合男性和女性不同需求（包括时间和行动限制）的方式制定农村咨询服务方案，可以使农村咨询服务的女性参与率提高 600%，男性参与率提高 400%（FAO，2003a）。

3.3　针对女性教育和文化限制的策略

农村咨询服务的沟通方式和所用材料，在其所传递的信息和所提供的建议中，以及在其所呈现的形式上，都应该精心设计和调整。通过对受教育程度和识字率较低的农村女性开展咨询服务发现，以图片、游戏、歌曲和人文故事等形式包装的培训材料更容易被掌握（Carter 等，2011）。当农村咨询服务信息以尽可能简单同时又适用于本地环境的形式被传播时，信息效能往往是最佳的。Quisumbing 和 Pandolfelli（2008）发现，在肯尼亚，通过使用克服识字障碍的传播方法，识字水平较低的女性反而比男性更容易掌握土壤养分补给技术，对技术的理解能力甚至高于男性。在孟加拉国，通过图解手册，女性成功地学会了如何管理鱼塘（Quisumbing 等，2009）。一般来说，为了克服识字方面的限制，在进行面对面的服务时，应提供视频、音频以及可视化材料。

教育使女性能够了解和采用新技术，因此，农村咨询服务提供者要将提高女性识字率作为女性赋权的一种有效策略。然而，这些举措的成功需要一个周详的规划，来确保出勤的连续性、班级划分的均等性，让妇女和女孩参与制定适当的方法，记录进程并确保后续工作。正如上一节所指出的，考虑女性的时间约束和上课时间也同样重要，应尽可能满足女性时间安排以避免旷课（Abdelali-Martini 等，2014）。因为这是教育领域的问题，所以农村咨询服务提供者需要与提供成人识字课程的组织建立伙伴关系。

Digital Green[①] 和 Access Agriculture[②] 是两家国际非政府组织，他们都生产和传播由当地农民制作的视频，并提供了很好的范例。这两个组织都支持基于本地可用知识和经验的视频制作。通过视频制作的培训，农民们可以在视频中展示适合当地的相关解决方案和技术（Harvin，2013）。在线知识平台以视频形式分享最佳实践，有助于信息沟通，进而提高女性文盲的知识水平。这些在线平台为南南交流和获取优质视听培训资料提供了便利。这些项目的独特之处在于，所提供的信息是有地域限制的，并且通过这些视频的播放，配合辅导员的帮助，能够使农民自主选择和采用相关新技术。许多视频

---

① www. digitalgreen. org。

② www. accessagriculture. org。

都会展示一些加工活动，女性在此领域的表现尤为活跃。联合国粮食及农业组织也开发了一种基于信息通信技术的方法，名为"Dimitra 听众俱乐部"，它在增加农村女性获取信息的机会方面表现得非常成功。

插文 2　运用信息通信技术有效提高农村女性文盲赋权：以联合国粮食及农业组织的"Dimitra 听众俱乐部"为例

Dimitra 听众俱乐部是联合国粮食及农业组织于 1998 年在尼日尔发起的一个项目。俱乐部运用参与式的沟通方式给予农村贫困者更多权利，加强社会动员，促进集体行动，挑战现有的性别不平等现象。这一方法是针对农村地区而设计实施的，因为在农村，大部分人都不能接触到电视或报纸等媒体，文盲率也很高。如今，超过 1 300 个社区团体都在使用一种太阳能无线电台，并且实现了成员的自我组织和监督，其中 2/3 成员是女性。成员们围绕社区发展问题的具体解决方案进行讨论，并通过俱乐部所有的太阳能无线电广播予以分享。这种转型方式会带来一些与性别相关的影响，包括女性对生产资料和资源（包括土地）以及服务（健康、法律和心理支持）的获取水平有所改善，性别规范和行为模式发生变化，以及女性积极主动地在机构中（公职部门或传统村级议会）获取更多的认可和表现机会。

来源：FAO，2015。

---

3. 4　赋予女性表达其需求与代表其权益的权利

应当特别注意给予女性和男性相应的支持，尤其是在确定他们的需求，安排其优先事项，以及制定充分满足其需求的农村咨询服务等方面。鉴于女性的社会地位，这就需要以一种确保弱势社会经济群体的需求被纳入考虑范畴的方式来实施。鼓励女性有效参与和领导农民组织这一积极措施，已证明是一种很有价值的策略（Herbel 等，2012；Ludgate 等，2015）。这些措施应该包括为女性设定指标，或要求实行携带配偶的会员制和参与制。Spring（1985，1986）证明有时轻微的调整也可以提高女性的参与度，例如，要求男性携带妻子参加农村咨询服务活动，要求村主任确定哪些女性需要咨询服务，要求外勤人员花更多时间与女性团体合作，以及组织研究人员和外勤人员参与女性农民研讨会，来分享女性生产活动中特有的技术问题的解决方法。

对于阻碍女性有效表达其需求和积极参与农村咨询服务的文化障碍，可以通过两种途径来解决，一是可以对女性团体组织给予一定的支持，二是根据不同的主题和背景，为男性农民和女性农民提供单独的培训。农村咨询服务对女性团体的支持可以为女性群体带来巨大的社会经济效益，当然这要取决于具体的目标和活动，例如，实施针对农产品的联合营销，进行生产性投入和其他资产的组织，利用团体内的劳动力和知识资源，对社会问题给予相互支持，实现技术全员共享（如节能炉灶、水箱等），对生产性和非生产性问题进行协商并接受有关培训（如卫生情况和女性权益问题等）。这种做法已经在印度取得成功，那里的妇女自助团体很受欢迎。在有些情况下，女性会因为男性的存在而感到害怕，因此单一性别团体可以确保女性轻松地表达自己的意见和需求（Manfre 等，2012）。这也会帮助她们树立信心和培养领导才能。单一性别团体在那些性别隔离程度高的地区，可以有效地发挥作用。同样，有证据表明，提高女性在男女混合团体中的参与度可以给女性成员带来极大收益。OXFAM（2013）发现，参与男女混合团体会给农村女性成员带来显著收益，包括提高生产力，改善获取信贷和市场信息的机会。然而，如 Manfre 等（2012）所建议，一个性别平等的农村咨询服务要能够分析当前的本地情况，并且要为这些策略本身和不同策略之间留有一定的灵活性，而不是假设这种还是那种方法更能有效地惠及女性。

插文 3　通过建立团体让社会听到女性的呼吁：以自雇妇女协会（SEWA）为例

自雇妇女协会的目标是帮助印度农村地区贫穷而又自我雇佣的女性农民享有更多权力。女性组建自助团体，在这里她们共同阐明各自的需求，并明确那些阻碍她们获益于创收机会的限制因素，同时学习制定决策，并预测相关的风险。自雇妇女协会采用了一种综合的组织模式，借助这种模式，自助团体可以与外部合作伙伴及自雇妇女协会的专业机构开展密切合作，从而获取培训和通信设施，以及对接小额金融和保险机构。这些合作提供了可持续的、负责任的农村咨询递送系统。确保农村咨询服务满足女性需求的一个关键因素是，自雇妇女协会建立了一种参与框架，在这一框架下，女性可以单独或者共同表明她们所面临的挑战（自助团体和贸易团体），并找到解决挑战的方法。

来源：Crowley，2013；Gale 等，2013；Mbo'o-Tchouawou 等，2014。

由于女性获得正式信息渠道的机会往往较少，因此社交网络在让社会倾听女性呼吁方面也起着重要的作用。社交网络提供了沟通渠道，女性可以通过这些渠道表达自己的需求和迫切需要解决的问题，也可以通过这些渠道与他人建立联系。这样的网络，可以是妇女团体、储蓄信贷协会，也可以是妇幼保健团体，这些组织不仅适于为女性传播有关保健、计划生育等方面的信息和知识，同时还可以传播各种有助于提高家庭收入的技术类、经济类的知识（World Bank 等，2010）。此外，女性农民可以通过网络中其他人的经验，观察和了解创新技术的适宜性与盈利性（Quisumbing 等，2009）。

3.5 改善农村咨询服务的传递方式及内容

（1）提高顾问在设计与传递性别敏感农村咨询服务方面的个人能力和才能

针对特定性别需求定制咨询服务是非常重要的，这使得服务的相关性更强，因此，农村咨询服务顾问需要培养特定的技能和能力，以便能分析环境，评估需求，设计和提供以需求为导向的、性别敏感的农村咨询服务。农村咨询服务提供者应该能够认识并解决在家庭农业背景下的性别平等的结构性障碍，并解决那些阻碍他们有效接触女性的、来自社会、文化和经济等方面的多重挑战。这些挑战也包含家庭内外的权力关系，它通过限制女性获取农村咨询服务人员所提供的支持和资源等方式，塑造了这种不平等的性别规范。因此，如 Manfre 等（2012）和 FAO（2010b）所强调的那样，对于价值、观念、行为、性别角色和社会规范的事先了解，是设计一个成功的农村咨询服务方案的必要条件，因为这些因素构成了所提供服务要面向的环境。

对农村咨询服务人员进行性别敏感度相关培训并积极推进实施，就是一个良好的开端（Carter 等，2011）。例如，需要相关的能力来进行性别分析，以确定家庭农场的性别分工、男性和女性对农村咨询服务的需求，以及提供服务的方式（Doss，2013）。农村咨询服务顾问还要能够运用性别视角来考察机构背景，进行利益相关者分析，并对农村咨询服务供给进行需求评估。

为促进此类能力的发展，联合国粮食及农业组织、国际劳工组织（ILO）和世界银行开发了一种社会经济和性别分析（SEAGA）工具，这一工具为外勤人员、发展领域从业者和决策者提供了大量培训资料。作为一个分析方案，它从宏观结构政策到具体方案层面，为参与发展管理的各个层级，提供了进行社会经济与性别分析的工具和方法。特别是现场工具包（FAO，2001）[①]，针

---

① 参阅网址：www.fao.org/docrep/012/ak214e/ak214e00.pdf。

对如何更好地寻求和理解贫困人群、边缘群体的呼吁与需求，提供了切实可行的建议，并对女性给予了特别关注。其他方法还包括"面向农村女性群体的新型咨询设计流程"①。Jafry 和 Sulaiman（2013）曾论述到，需要采取更加大胆、激进的方法，从一开始就与农村女性接触，以了解她们的需求，这需要从分析家庭动态入手，倾听女性需求，并与农村咨询服务人员（他们扮演的是协调员的角色，而不是培训师）一同制定行动计划。

为了提高土耳其国家推广人员在设计实施需求驱动的性别敏感服务的能力，以满足女性生产者的具体需求，在"联合国粮食及农业组织—土耳其合作伙伴计划"框架下，联合国粮食及农业组织自 2013 年以来，一直与土耳其食品、农业和畜牧业部培训和推广司（MFAL）一起致力于这方面的工作。该项目总体目标是全面提高女性农民的社会经济地位，提高她们获益于农业推广与农村咨询服务的机会和能力。该项目成功地利用和结合了不同的能力培养模式，包括需求和能力评估，培训员培训材料的开发，培训员的培养，农村女性的培训（作为推广人员在职学习的一部分），以及学习考察等。多样化模式成就了农村咨询服务个体顾问的能力，同时也提高了组织机构设计实施需求驱动的性别敏感服务的能力。通过反馈项目各个阶段的经验教训，可以促进培训手册做出相应调整改编。

插文 4　家庭方法：一种有用的方法，帮助农村咨询服务顾问确定农户家庭的性别关系，并从家庭内部开始实现转变

家庭方法意味着所有家庭成员都要参与到这项工作中，共同确定家庭内部关系和决策过程，目的是增进他们对这种现象的认识，即男女间不平等的权力关系会产生次优决策，从而导致贫穷。该方法有助于形成一个"家庭愿景"，这使整个家庭对当前目标形成一种概念并为之努力，这一共同目标是有时限性的，同时与他们生计的改善息息相关（Farnworth，2012）。

在赞比亚，农村咨询服务人员将家庭方法的应用和技术生产培训一同作为"农业支持计划"的一部分。工作人员与参与者一起制定家庭行动计划，并在之后的若干种植季节中，安排后续到户指导访问，帮助参与者实现他们的目标。参与该计划的家庭在粮食安全方面得到了显著提高，男女两性

---

① 参阅网址：www. reachingruralwomen. org。

在工作量、获得和控制资源方面更加公平，所有家庭成员享有了更多的权利。这一计划的管理者评论到，这种方法需要足够长的时间保证，并且农村咨询服务人员需要接受完全的再培训，才能保证该方法的成功实施。

来源：IFAO，2014。

联合国粮食及农业组织最近完成了一项研究，主题为农民田间学校在肯尼亚开展10年所带来的影响，此研究发现农民田间学校增加了女性获取资源和市场的机会，同时让家庭决策协作性更高、更加平等。Friis-Hansen等(2012)同样研究了肯尼亚地区的农民田间学校，研究发现无论男性还是女性，对女性能力及角色的认识已经发生改变，女性越来越多地参与到市场经济中并加入家庭决策中。因为农民田间学校鼓励男性和女性在田间平等参与、共同协作，所以这种参与式的、基于集体行动的结构促使了一些转变。重要的是，在制定农民田间学校规划方案时，要将性别因素纳入考虑，因为这一方法本身是无法自动改变性别关系的。

为了确保农村咨询服务是以需求为导向且能够满足用户的多重需求，农村咨询服务顾问需要培养一些额外的个人能力。首先是协调技能，对于加强社会资本的创造，以及与其他服务提供者建立合作关系，这种能力是必须的。其次，在解决问题或者管理变化过程，以及鼓励积极学习和参与式发展时，工作人员要有一定的抗压能力。最后，考虑到那些需要他们帮助解决的挑战及问题的复杂性不断增加，拥有在跨学科团队中工作的能力也是至关重要的。这些团队可能由拥有不同技能、承担不同职责的农村咨询服务顾问所组成，也可能由来自农业知识和创新体系的其他角色构成。要将农民与创新体系中的各种角色（科研机构，投入产出市场，土地和环境管理部门，其他等）联系起来，需要一定的斡旋能力，包括协调能力、人际交往能力和调解能力。而对于创新体系中各种角色之间的联系，也需要拥有斡旋能力。联合国粮食及农业组织在2012年进行的一次电子讨论表明，很少有农村咨询顾问担任这一斡旋角色。因此，在增强创新体系的斡旋能力方面要尤其努力。对于农村咨询服务管理人员来说，在改变或适应管理的过程中也需要一些额外的技能，包括管理人力资源的新方法。管理者还必须轻松应对多种问题，例如，与多元推广和创新体系进行合作，协调多利益相关者的合作过程，参与政策对话、合作进程和推广宣传。

插文 5　农民与农民之间的信息交换：传递农村咨询服务内容的有效方法

农民与农民之间的信息交换，通常是通过创建一个农民培训师的机构，然后其中一些农民将信息和知识提供给其他的农民。这种方法主要是源于对以下两点的认识，一是农民可以从同伴那里学到最好的东西（Feder 等，2006），二是如肯尼亚"东非乳业发展计划"（Franzel，2012）所发现的，招募女性农民培训师比女性推广人员更容易。总体来说，农村咨询服务提供者都参与了农村培训师的培训，并给以相应支持。

通过最终用户参与到共同设计、共同传递的过程中来，服务的传递及传递方法才更有可能真正符合用户的需求和偏好。这同时也是一个性价比较高的选择，因为仅通过培训部分农民培训师，就可以覆盖整个社区（OECD，2010）。然而，重要的是，需要意识到创建两个层面的体系会存在一定风险，即男性通过培训师接受农村咨询服务，而女性通过同伴志愿者接受农村咨询服务。

来源：Feder 等，2006；Franzel，2012；OECD，2010。

这些新能力可以通过指导、交互式学习培训、在职培训或特定能力培养计划等方式培养发展。无论使用何种方法，这些相关主题都需要纳入公司的职业能力培养计划中。此外，应该鼓励非常规的学习方法，如参与式行动学习。为了形成可持续的、系统的转变，这些能力培训也应纳入农村咨询服务高等教育和职业课程中，以便为下一代农村咨询服务人员做好准备，使他们能够有效地为所有客户提供需求驱动的服务。

插文 6　创新平台

创新平台创建了一个动态的学习空间，使不同的利益相关者聚在一起，共同创造一个愿景，解决问题，并实现他们的共同目标。创新平台在农业方面有显著成效，因为农业问题比较复杂，会牵涉到很多利益相关者。一个农业创新平台既可聚焦于农民，也可以关注整个价值链，并且可以将科研人员、农业加工者、农民、投入品供应商、农村咨询服务人员、政府官员以及其他相关角色都纳入平台中。如果某个创新平台可以设计成女性也能够访问的形式，那么它将成为一个很好的渠道，使农村女性与一个更大的人际网络联系在一起，同时在创新的进程中让大家听到她们的需求。

来源：DFID，2013a，2013b；Asenso-Okyere 等，2009。

(2) 提高农村咨询服务内容的相关性

女性和男性从事不同的农业活动，因此农村咨询服务及其他创新主体应该适应他们差异化的需求和优先事项。这应该从支持农村咨询服务需求方开始，其意味着男性和女性农民及其组织都需要一个过程，来确定其各自的需求，设定对应优先事项，与创新体系的知识主体进行有效协商，以便之后能签订他们想要的服务。农村咨询服务管理者需要相关的知识来辅助他们进行组织领导，从而可以很好地引导以需求为导向的业务流程以及整体的性别敏感服务。农村咨询服务提供者要能够掌握以需求为导向的业务流程并完成性别分析，以便根据服务对象的优先事项、制约因素、资源与机会、角色与责任以及生计策略，来了解、调整基于男性和女性不同需要、诉求的知识与建议。

事实证明，将不同领域的干预措施结合起来对于实现农村地区女性赋权是非常成功的（Farnworth 等，2015）。笔者认为，女性在家庭、社区内部和农业价值链中扮演着多重的角色，如农民、购买者、销售者、消费者、社区领袖、妻子、母亲、加工者和创新者。他们发现，针对那些拥有多重角色的女性进行干预是最有效的。因此，执行机构需要了解这一点，并将目标锁定在不同角色和背景的女性上面。Murray（2013）提供了一系列旨在帮助农村女性赋权的干预措施注解清单，包括农民团体中的会员制，通过贷款、储蓄和资产所有权实现经济赋权，改进收获和收后技术，减少时间限制，以及在那些女性仅作为成员而男性充当领导的家庭与社区中，将此类女性作为目标群体。

类似的，AI Shadiadeh（2006）在约旦进行了一项研究，重点研究性别角色与农村咨询服务传递方式偏好之间的关系，结论表明，鉴于女性在农业和家庭中的角色，推广人员应集中精力解决女性需求。他们还认为，女性应该被视为特殊的客户群体，因为她们的角色、兴趣和学习偏好不同于男性。这一点在家庭农业的背景下尤为重要，包括但不限于农业活动在内的所有活动，都有助于改善家庭农场成员的生计。此外，非农业创收活动（小规模制造业，运输和信息通信技术服务供给，商业和营销技能，价值链开发，品牌构建等），以及非市场化活动（照顾孩子，厨房园艺，家务劳动，做饭等），应当被考虑并纳入农村咨询服务供给中。前者为女性提供了赚取额外收入的途径，从而提高女性的经济赋权，而后者使女性在营养和儿童教育等方面增长知识，同时两者都直接或间接地为消除贫困和保障粮食安全作出了贡献。作为在约旦进行的行动研究所吸取的经验的一部分，Ludgate 等（2015）建议，农村咨询服务培训者应当认真选择培训主题，以免冒犯女性及其家庭中的男性。另外，他们强调，培训不应过分偏重于那些需要获取女性不可能获得的资源的建议（如在约旦，肥料和大量的清洁水就属于这种资源）。

一般来说，顾问应侧重于当地可获取的、用户可以负担得起的知识、技能和技术，并与其他促进农民获取资源的机构建立伙伴关系。此外，鉴于顾问个人无法同时掌握这些不同的主题，因此他们需要具备与其专业互补的顾问和服务提供者进行协作的能力，以解决需要跨学科应对的复杂问题，正如上一节所述。

（3）提供技术可行的解决方案

鉴于技术很少是性别中立的，如上文 2.2.3 中所强调的那样，因此，有必要在技术开发的研究层面和服务供给层面提高对性别问题的认识，使农村咨询服务提供者有能力为女性和男性的需求制定技术适宜的应对措施。尤其是技术的可承受性，对女性的适用性及其文化的可接受性，这些都是要加以考虑的关键。Quisumbing 和 Pandolfelli（2009）建议在引入一项技术之前，要在家庭和社区层面上实施一次基础状况分析，以帮助预测其性别影响。考虑女性需求的技术可以节省劳动力并提高效率。

插文 7　参与式创新发展（PID）：一种关于性别敏感的参与式 技术与创新发展的方法

参与式创新发展是由一个名为 PROLINNOVA 的多利益相关者联盟所开创的一种方法，该联盟主要致力于促进本地创新，尤其在生态农业与自然资源管理方面。参与式创新发展方法认可广大农村男女主动开发各种本地创新方法，以解决他们的特定需求和优先事项。这些本地创新可以作为发起参与式创新发展或农民主导的联合研究的入口，科学家和开发人员在这个过程中与当地人一起，进一步开发、调整和检验这些本地化想法和倡议，将本地化知识和科学知识融合在一起。这种方法在许多方面都融合了性别因素，包括：确保女性创新者积极参与制定农业研究议程，确保联合试验以女性创新为基础，由来自不同年龄组的女性创新者领导，并将其在所有宣传材料（海报、电台、创新者展会、出版物）中加以体现；促进生产和再生产领域的创新；囊括来自男性和女性（来自不同年龄组）的本土化知识；同时，确保创新不会带来负面的性别或文化影响。

来源：Wettasinha 等，2013。

还有其他许多案例，包括水资源管理实践与技术，节能炉灶以及实用性农具等（FAO，2011）。这些措施大大减少了妇女和女孩取水与拾柴的时间，取得了重要成果，例如，提高了入学率，使木柴使用率降低 40%～60%，同时增加了生产和娱乐活动的时间。在 2011 年进行的一项研究中（Hemmings 等，2014）发现，在也门，可以使用水和煤气灶的女性，在生产活动（农业和畜牧业）中可以投入约 52% 的时间，而无法使用上述资源的女性则只能投入 24% 的时间从事生产活动。其他对于女性友好型的技术实例是农业工具，这些工具将女性身高、体重和肌肉力量都纳入考虑范围之内，通过其设计方式可以减少完成农业任务所需的时间，减轻准备苗床、除草或收割等工作的繁重（FAO，2011）。同样，Ragasa 等（2013）认为，确保技术可负担性的一种方法是提供更小包装的投入品（肥料、改良种子、杀虫剂），这将提高这些技术的使用率。在尼日尔有一个很好的实例，当地对小包装化肥的需求量很高，在投入品商店，化肥总销售量的 1/3 以上都是 1 千克和 2 千克的包装，这对女性和贫民来说是可以付得起的（Blum 等，2015）。

插文 8　女性农民通过手机市场价格信息系统增加她们的收入

在印度古吉拉特邦农村地区，许多女性农民缺乏市场信息，无论当地商人给出什么样的价格，她们都把自己的商品卖给他们。这样致使女性的产品回报率很低，而商人却获得了可观的利润。作为对这一现象的回应，自雇妇女协会（SEWA）建立了一个简单的市场价格信息系统，帮助农村女性了解她们商品和产品的价格。每天，自雇妇女协会都会给每个村挑选出来的、配有手机的成员代表发送短信。这些信息包括在附近的 3～4 个市场上的主要经济作物或大宗商品的最新现货价格和期货价格。

收到信息的成员代表在公共黑板（在社区随处可见，通常设在当地政府办公室或卫生中心的外面）上发布最新价格（以当地语言）。其他成员则使用手机给更新后的公告板拍照，并将照片发送到自雇妇女协会设在艾哈迈达巴德的总部，在那里会通过三角验证来确定数据的准确性。

有了这些信息，整个村的女性农民就能以更高的、更公平的市场价格单独出售她们的商品。这降低了经销商和中间商哄抬的利润空间，大大增加了女性农民自身的收入。从长远来看，女性能够利用期货价格数据，更好地制定作物种植计划，并做出更明智的生产及收获决策。

来源：联合国粮食及农业组织（未注明出版日期），获取更多详情请参见：Crowley，2013。

同样，在农村地区，信息通信技术（移动电话、网络服务、无线电等）在知识和信息传递方面拥有巨大潜力，因此确保技术的适宜性也非常重要。在各种信息通信技术工具中，社区知识中心和社区广播电台在为女性传递本地相关内容时发挥了巨大潜能（Sulaiman 等，2011）。例如，联合国粮食及农业组织的"Dimitra 听众俱乐部"，为社区、生产者组织或女性团体提供了一种易于管理的信息通信技术获取途径（插文 2）。这样一来，通过分摊技术的购买成本、维护成本和能耗成本，可以在局部克服信息通信技术的获取障碍。它还可以为信息通信技术服务的管理人员、维护人员提供收入，同时为女性提供了一种培养技术能力的方法。

美国国际开发署（2012）记录了在非洲和亚洲使用信息通信技术的其他几项倡议，目的在于：使女性获得生产性资源（来自刚果的 GRAFED 倡议），克服女性的行动和时间限制（赞比亚全国农民联合会的短信服务），获取收入（来自坦桑尼亚的 CROMABU 倡议），提高效率（来自孟加拉国的针对女性养鸡户的市场推广与移动电话的倡议），实现收入控制（马拉维的 M-banking 倡议）。研究表明，信息通信技术在增加女性农民知识和信息获取方面有很大潜力。

3.6　提拔女性担任农村咨询服务顾问和管理者

增加女性农村咨询服务顾问的人数，是增加农村女性获取农村咨询服务的重要策略，同时，增加农村咨询服务女性管理者和农业研究者的数量，是一种有效的方式，既能够为女性顾问提供支持，又可以提高农村咨询服务内容和技术与女性的相关性。然而，如 2.2.1 中所述，为了确保有足够数量且具有足够能力的女性工作人员，需要应对若干挑战。

为了增加女性农村咨询服务顾问和女性研究人员的数量，各组织可以考虑如下几种选择。第一，在农业、市场营销及其他相关领域，通过为年轻女性提供奖学金来实现她们的能力培养，这是一个主动的策略，可以确保有年轻的女性专业人员愿意在农业创新系统及其知识机构中从事相关工作。当没有人鼓励女性加入正规农业培训机构或她们自身犹豫不定时，这也将成为一种与性别角色博弈的有效方式。第二，各组织可以规定各级女性工作人员的招聘配额，包括管理层和其他高级职位。然而，与科研机构、大学或私立企业相比，农村咨询服务中的职业选择一直是有限的。因此，需要提供明确的农村咨询服务职业前景和令人满意的工作条件，这样才能够激励男性和女性（特别是女性）成为农村咨询服务顾问。女性推广人员有能力与女性、男性农民一起工作，当与女性农民一起工作时，她们又能发挥独特的作用，并且能够激励女孩们将农村咨询服务顾问作为一种职业（FAO，2003a；AFAAS，2011）。此外，女性推广顾问的存在，可以帮助克服关于女性存在被动性以及缺乏农业知识技能的偏见（Carter 等，2011）。同样，在农村咨询服务和其他知识机构中拥有女性管理者，也有助于改变人们对女性学识、技能和领导能力的看法。

插文 9 通过女性 Yachachiqs 与女性农民建立联系："塞拉生产计划"中一个农民对农民的方法

Yachachiqs 是指"边做边教的人"。他们是"塞拉生产计划"运作的三类推广人员之一。"塞拉生产计划"与当地农民一同合作，将当地知识和适当的新技术结合起来，促进了农民合作社的发展。女性 Yachachiqs 是一些不仅能接受方案框架内的推广咨询和支持，且同意参加额外培训以使自己成为顾问的女性农民。由于秘鲁农村地区根深蒂固的性别角色和对女性的性别歧视，女性推广人员从来都不曾存在过。女性 Yachachiqs 的专业知识和工作能力获得了当地农民的认可和赞赏，因此他们的自信心得到了增强，同时也使其家庭、邻里和社区领袖认识到了她们的能力。Las Yachachiqs 的例子表明了，如何通过恰当的目标和培训，使女性农民成为受人尊敬的农村咨询服务人员，并为他人树立榜样。

来源：Saa Isamit 等（即将刊发）。

应该对导师制倡议、女性领导培训班和其他支持女性的职业发展计划给予特别关注，以实现各级机构关于女性就业的态度转变。在工作场所中接受其他女性工作人员的指导，可以消除社会对女性的偏见和女性自身的恐惧，从而增强女性自信。类似于这样的倡议还包括：农业发展研究领域的非洲女性（A-

WARD)①，农业和环境领域的非洲女性领袖（AWLAE），以及乌干达附属机构——乌干达农业和环境专业女性协会（AUPWAE）。这些职业培养计划都希望把为女性提供的培训、指导和赞助结合起来，从而使女性可以参与政策层面的工作，并对女性农民起到支持作用。例如，乌干达农业和环境专业女性协会的若干成就包括：为农业和环境领域的 25 名女性专业人员提供高级研究奖学金，100 多名乌干达农业和环境专业女性协会成员接受了领导技能培训，在 49 所学校对 9 288 名学生（8 577 名女学生和 711 名男学生）进行了就业指导。

　　此外，通过对女性顾问在时间和行动约束等方面的具体需求做出回应，可以使农村咨询服务工作环境更具有性别意识，从而有助于留住女性员工。例如，尤为重要的是，各组织机构要提供适宜走访农民的交通工具，母乳喂养和就地托儿的场所，在野外工作期间为男性、女性提供独立的休息和洗漱设施，针对性骚扰和性别歧视给予强有力的政策支持与贯彻执行（World Bank，2009）。管理部门还应该意识到女性员工在野外工作时所面临的特殊挑战，并且根据这些信息来调整其行动。如果女性不能独自安全回家，各组织应该在晚上为女性员工提供回家的交通工具，并且，组织应该提前通知女性有关职工培训活动的日程安排，使女性能够为孩子的替代照顾做出安排。雇主也应该考虑男性的抚养责任，为他们提供陪产假。这些举措是组织中员工留用政策的重要组成部分（AFAAS，2011；Carter 等，2011；Manfre 等，2013；Meinzen-Dick 等，2011，2014）。

3.7　创造一种性别敏感的组织文化

　　制度政策及其实施和组织文化是决定农村咨询服务方案是否具有性别敏感性的重要决定因素。在许多情况下，缺乏明确的措施（政策、程序、准则或职权范围）来解决组织内的性别平等问题，正折射出农村咨询服务方案在惠及女性农民方面的尝试不足。制度政策及其实施和组织文化，应该与性别敏感的服务供给保持一致（Buchy 等，2013；Mogues 等，2009）。组织对性别平等的承诺需要明确化，同时要让全体员工都能共享和理解其背后的理论基础。

　　总体而言，高层管理人员必须作出承诺并诚信，这样才能成功转变组织文化（Hunt，2000；CGIAR，2012）。开展参与式的性别审计是一个重要途径，可以在个人、工作小组和整个组织等不同层面，促进组织学习如何切实有效地

---

　　①　www.awardfellowships.org。

将性别观念纳入主流（ILO，2012）。性别审计建立了一个基准，确定了关键的差距和挑战，并提出了解决这些问题的方法。国家农牧业推广计划（NALEP），是肯尼亚农业部和畜牧业发展部所提出的一项计划，它为农业部门的性别主流化制定了相关指南，以帮助政策制定者、技术团队和地方组织更好地将性别问题整合到所有行动中（NALEP，2010）。

这种性别审计工具侧重于4个要素：政治承诺、技术能力、问责制和组织文化。这些要素中的每一个又包括多个方面。

第一，政治承诺侧重于管理者如何传达和展示他们对在组织内努力实现性别平等这一目标的支持、领导和承诺。这包括：要有一个书面的、对性别平等承诺给予肯定的性别政策，要有足够权威、有效的性别协调机制或单位，要有来自不同层次和不同体系的男女代表及其参与，还要有充足的财政资金来支持性别整合工作。通过发展性别敏感的人力资源政策和结构体系，可以提高关于农村咨询服务女性员工职业志愿和现实需求的责任感与响应性。这还包括通过建立一套雇佣和留住女性的政策，来确保员工的多元化。

第二，技术能力是指组织内的个人将性别因素纳入其方案的能力、资格和技能水平。这包括分配足够的资源用于培养员工处理有关性别问题的能力。

第三，问责制是一种机制，用于帮助一个组织确定将性别平等问题纳入其方案和组织结构的程度。建立问责制的办法是将性别问题纳入职位说明、工作计划、绩效合同、战略计划、政策和方案中，并确保监测和评估所收集的数据是按性别划分的。对女性员工参与和晋升的过程以及遇到的障碍进行监管，并制定适当的策略来克服这些障碍，按照工龄、管理岗位与外勤业务岗位等职位划分，进行男性和女性员工数量的信息采集是一个很好的开端（Hunt，2000）。

第四，组织文化是指组织中那些支持性别平等的规范、信念和行为准则。这具体包括：在管理中体现对工作多元化及组织管理风格的尊重，有书面性的机会均等政策，组织内有灵活的工作安排，产假和陪产假政策，育儿假政策，促进团队合作（包括使男性和女性成为平等伙伴），鼓励有性别敏感意识的行为（如在使用语言、日常玩笑、发表评论等方面有性别意识）等。这些措施要视具体组织和具体情况而定。

农村咨询服务和其他知识机构的制度政策会受到整个政策环境的影响。因此，为了加强有关机构对性别敏感意识的推广和主流化工作，在国家政策和战略中纳入性别因素也非常重要。下面是一个来自纳米比亚性别平等与儿童福利部的实例，在2012年，他们实施了一项针对农林水利部的性别评估，目的是对农林水利部及其部门方案进行性别分析，同时完成对这些部门方案在实现性别主流化方面的能力评估（纳米比亚性别平等与儿童福利部，2012）。最终对农林水利部在政策和规划方面提出了具体的建议。特别是关于如下几个方面的建议：①营造性别主流化的有利环境；②扩大机构能力和员工技能培训计划，包括提高推广人员和咨询顾问的能力；③实现性别主流化的制度建设。目前已经确定了具体活动、职责、时间表和指标，以确保和监督各项建议的实施。

为了有效确保针对政策目标和宗旨、组织结构、程序与决策过程的责任制，每一个农村咨询服务提供者都应该制定相关的业务计划或者战略计划，且计划中要包含按性别划分的可衡量目标和指标。需要对政策执行的进展情况进行监测，并定期进行检查和审计。在组织内处理性别问题的良好做法应该得到认可和分享，从而获得奖励和激励，应该设计相应的体系和程序保证这些措施可以实现（Hunt，2000）。要特别强调政策的强制性，同时要特别注意其执行的问责制。可以考虑用绩效目标来鼓励农村咨询服务顾问从事女性赋权方面的工作（FAO 等，2014；CGIAR，2012）。性别目标的一些实例包括，解决女性、男性农民问题的数量，与不同性别农民接触的次数，收入增加或营养健康状况改善的男性、女性农民的人数。最后，借助政治支持并在组织内外建立联盟，是克服阻力的有效方法（Hunt，2000）。如果需要，应制定一些应对反对和抵制性别平等政策与方案的策略。

为了使性别平等的组织文化实现制度化，服务提供者在组织范围内使用性别差异工具是非常必要的。这些工具包括性别差异分析与规划，性别预算，性别差异监测与评估，以及性别审计。性别预算根据性别指派资源，并监测相应支出。这使得组织能够对资源利用情况进行一次针对性别的分析，进而使管理者能够解决不平等问题。如上所述，性别审计可以评估组织在将性别纳入自身体系、程序及其方案中的表现。

插文 10　在危地马拉农村咨询服务中性别主流化的改善

危地马拉农业、畜牧业和食品部（MAGA）正在朝着性别平等组织文化制度化方向迈进。2015 年 3 月，农业、畜牧业和食品部在联合国粮食及农业组织和其他联合国机构的支持下，采纳了一项性别平等的制度政策，并建立了一个战略实施框架。该政策通过将性别纳入农业、畜牧业和食品部的所有工作领域中，促进了女性赋权。这一政策还特别强调，农村女性经济发展是在国家家庭农业计划框架内，加强农村综合发展进程的一种方法，而国家家庭农业计划是通过国家农村推广体系（Sistema Nacional de Extension Rural-SNER）所实施的。该政策的实施框架要求建立一个对性别敏感的监测和评估系统，并针对性别敏感方案的制定、监控和评估，为部委和国家农村推广体系的工作人员提供系统培训。

第 4 章 结 论

改善农业推广和农村咨询服务,以确保它们能够对女性与男性农民的具体需求以及优先事项上做出响应,这一问题一直列在过去30年的发展议程之中。世界各地的研究为女性在家庭农场以及农业和农村发展中发挥的重要作用提供了广泛的证据。在农村地区,女性在劳动生产、抚养后代和社区活动中所发挥的作用及所付出的时间,被认为与男性在实现粮食安全和营养以及改善家庭与社区福祉方面所作贡献同等重要。尽管如此,与男性相比,在平等地获取生产资源、服务、决策权和创收机会方面,农村女性及女性农民仍然面临着多重挑战。

还有大量的资料表明,由于性别分工,女性在农业和农村发展中的角色往往不同于男性。此外,女性是一个特殊群体,这是普遍公认的,不同的女性群体(包括女性农民)有着不同的需求、关注点和兴趣。因此,如果不能正确分析和理解男女在其优先事项、需求、能力和社会背景方面的差异,任何标准化的分析手段、方法和内容也不可能奏效。通过分析来了解性别角色和男女关系的多样性,以及不同女性群体需求的多样性,这是非常重要的。

我们的文献综述提供了相关依据,其表明,通过适当的设计和实施,农业推广和农村咨询服务会成为一种非常有前景的策略,能够缩小农业和农村发展中的性别差距,特别是在家庭农业的背景下,生计状况依赖于家庭成员的共同努力。这一策略将纠正在获取生产性资源、知识、技术、经济机会和服务等方面的差异,并提高女性的经济和社会赋权,这为保障粮食安全和减轻贫困带来重大利好。综述还表明,在实现这些收益过程中仍存在诸多障碍。

这些障碍包括:低估了女性对农业的贡献,并因此普遍认为"农民"都是男性;女性的行动和时间受限,使她们难以参加农村咨询服务培训活动;女性的受教育程度和识字能力受到限制,以及农村咨询服务内容和技术往往更符合男性的需要。此外,在许多地区,农村女性在男女混合组织群体中的发言权和代表权受限,这削弱了她们表达需求和利益的可能性,切断了她们获取团体提供的农村咨询服务的机会。文献综述还发现,女性从农村咨询服务中受益并提升能力不仅取决于她们的个人能力、性别角色和当地社会文化背景,同时还取决于服务提供者方面的其他挑战。这些挑战包括:女性农村咨询服务顾问人数有限,缺乏设计和传递性别敏感的农村咨询服务的个人能力和才能,组织结构、文化、政策和程序缺乏明确解决性别不平等问题的措施。当设计和传递农村咨询服务时,上述两类挑战需要加以考虑并解决,从而有效完成并提供女性所需服务。

在文献综述和最佳实践范例的基础上,我们发现从用户视角来看,许多约束可以通过不同的干预措施来解决:为了让女性成为合理的农村咨询服务客户，各组织需要认识到她们本身是潜在的服务用户。此外，农村咨询服务提供者需要认识到，某些选择标准可能会将女性排除在外，使其无法获得他们提供的服务，因此提供者必须致力于制定非限制性的标准。同样，服务供给不应该建立在预先确定的、往往是错误的假设之上，而是应该基于一种参与式分析（谁在干什么，他们需要什么）来制定。

需要在战略组织文件中承认女性的用户身份，并在整个方案的实施过程中有意地针对女性采取相应措施。对性别分工的分析也有助于促进对女性时间和行动受限的理解，并有助于对服务的时间、地点和形式等做出调整。事实证明，面向家庭和家务的以及农民对农民的方法，可以成功克服这些障碍（包括涉及男性的障碍），并促进人们接受性别关系的转变。农村女性的文化限制，可以通过不同的、非书面的材料和形式（视频、广播、戏剧、歌曲和图片）来克服。这并不妨碍将女性尤其是成年女性纳入普通教育和扫盲计划中。最后，需要采取积极措施，鼓励女性参与到农村组织中并担任领导，这些措施包括分配指标和取消限制性会员标准。还应该广泛应用现有的社交网络，有效地向农村女性提供农村咨询服务。

为了克服来自提供者视角的障碍，我们发现，在各个层面上增加女性农村咨询服务员工的数量，培养农村咨询服务提供者在提供性别敏感的、需求驱动的服务和创造一个性别敏感的组织文化等方面的能力，这些都是最有效的解决方案。为了增加有资格并对从事农村咨询服务这一职业有兴趣的女性数量，组织和政府可以设立奖学金，鼓励青年女性学习农业和农村发展知识，同时她们也可以促进现有女性员工的工作，使农村咨询服务成为一个显而易见的令人满意的职业选择。各组织也可以分配指标来招聘女性。聘用女性的重要性不仅体现在农村咨询服务人员的数量水平上。同样重要的是，在农村咨询服务管理、研究和决策中应该有女性代表，因为在这些过程中，会制定决策方案和相关政策，并确定优先事项。结合培训、指导和资助的职业发展计划，可以支持女性的职业发展。

农村咨询服务员工的能力建设，对于提供性别敏感的、需求驱动的农村服务咨询服务也是至关重要的。所有员工都应意识到性别角色及性别关系对其工作的影响，因此性别主流化应该被视为公平有效地提供农村咨询服务的关键部分和不可或缺的部分。为了提供与女性和男性相关的服务，对于员工而言，需要接受性别培训并熟悉性别分析，在个人和生产者组织层面具备确定农村咨询服务特定性别需求的能力，并掌握参与式能力评估工具的知识。了解女性所面临的制约因素以及能够帮助解决这些制约因素的相关技能，也是至关重要的。例如，如果员工了解女性时间不够用，那么他们就需要掌握必要的信息来解决女性的时间限制。此外，工作人员需要具备相应能力来评估和应对本地区女性的具体挑战、需求与兴趣，并开发相关内容和技术。如果女性没有从规划过程的一开始就参与其中，那么即使是参与式方法也无法触及女性农民。除性别分析之外，向性别敏感的、需求驱动的农村咨询服务转变，员工还需要具备其他新的能力，包括战略思维能力、推进能力、变革管理能力、问题解决能力、协调能力，以及指导多方利益相关者合作的能力、建立合作伙伴关系和团队合作的能力。

最后，如果管理层对提供性别敏感的农村咨询服务做出强有力的承诺，将有助于建立一种性别平等的组织文化。这必须要以有关性别平等的组织政策与实施计划为基础，其中实施计划要制定问责框架、制度程序和机制，以及可衡量的目标和指标。性别敏感的人力资源政策对于创建一个家庭及女性友好型工作场所至关重要，这将有助于留住女性员工，并使女性员工能够成功地完成工作。性别敏感的政策分析、规划，组织监督与评估框架，以及性别响应预算和性别审计等一些有益措施，都有助于建立有利的体制环境，以提供性别敏感的农村咨询服务。

一个健全的国家扶持环境也是至关重要的，如果国家农业和农村发展政策为性别平等提供高水平的支持，并设定农村咨询服务应该具备性别敏感性这样的期望，那么各组织在提供性别平等服务时将可能取得更大成功。国家对性别平等的承诺也会影响公众舆论，从而使性别敏感的农村咨询服务得到更多支持。相反，如果国家农业政策和研究重点忽视性别因素或偏向男性，那么提供性别敏感的农村咨询服务所需的资源和信息将更难获取。

关于支持性别敏感的农村咨询服务的未来行动的思考。

过去的（Poats 等，1988；FAO，1995）、近期的（FAO，2003a；Quisumbing 等，2009）以及最新的（Ragasa，2014；Farnworth 等，2015）文献，都阐述了提供性别敏感的农村咨询服务所面临的相似挑战，这一事实引起了人们对下述问题的质疑和担忧，即过去几十年来，学者和发展专家所提供的证据和建议是如何被有效运用的，以及这些证据实际上是否真正被实践者和决策者所采纳。学术知识及其在实践中的应用之间存在着明显的差距。因此，联合国粮食及农业组织和其他发展行动者应重点关注以下 4 个方面。

1. 确定并记录良好做法

在文献综述中，我们发现，虽然在获取和提供对性别敏感的、需求驱动的农村咨询服务方面，有大量针对具体项目的成功的信息和具有挑战性的信息，但这些信息并没有系统地以一种广泛易懂的方式记录下来。如果工具的设计开发、国家级支持计划和政策建议的制定要以相关实证为基础，那么就需要实现良好做法的系统化。例如，我们发现，尽管人们已广泛认识到需要解决女性的时间限制问题，并认为这对于成功地提供农业咨询服务至关重要，但很少有证据表明，相关举措已经调整了他们的培训日程安排以使其适用于女性，也没有分析这对女性参与度的影响。

对于提供者一方，已有文献明确表明，围绕性别、女性赋权以及提供性别敏感的服务所开展的员工能力培养的重要性。然而，很少有系统性文件和共享渠道供农村咨询服务组织使用，以帮助外勤人员和其他员工了解性别角色及其对农业、农村发展及粮食安全的影响。同样，对于那些成功促进组织文化变得更具性别敏感性的方法，以及支持性别敏感的农村咨询服务的创新性国家政策，也需要进一步的记录。在用户方也存在类似的差距，需要更多的信息来了解农村女性对自身权利的认识程度，她们有效表达自身需求和代表其自身利益的能力，以及农村咨询服务组织为促进以上几方面所采取的措施。另外，鉴于基于群体的农村咨询服务传递方法被广泛使用，这也许会有助于系统记录那些已经用于促进农村女性组织的成功方法。除此之外，如果各组织愿意分享他们在提高农村咨询服务性别敏感性方面所做的无效尝试，这些经历同样可以提供有价值的经验教训，并有助于他人避免类似的错误。

最后，鉴于系统收集和记录良好做法方面存在的差距，我们建议，这一领域的主要参与者要联合起来，运用精心设计的方法收集和整理、记录良好做法，以便能够捕捉到文献综述中所描述的所有问题，还要捕捉到这些良好做法应该被更广泛传播的任何创新之处。

2. 将良好做法转化到能力培养和政策支撑材料中

在记录和分析良好做法的基础上，适应或开发最新的能力培养和政策支撑材料，以使这些知识更容易为农村咨询服务提供者和政策制定者所使用，这也是非常重要的。具体而言，需要将现有的知识和良好做法转化为政策与能力培养的方法、工具（包括培训师的培训材料），农村咨询服务工作人员和管理者能够用这些方法和工具来提高自身在设计、规划、实施、监督和评估性别敏感的农村咨询服务的影响等方面的能力。重要的是，这些支撑材料不是为农村咨询服务提供者而开发，是与他们一同开发。

这些良好做法以及由此产生的工具及材料，也需要通过信息通信技术、分享性展会和其他场所加以分享与传播，从而使来自世界各地的感兴趣的受众能够获得这些经验并受益，使所得经验适应于他们自己的需要和环境。为了对性别敏感的农村咨询服务进行更广泛的推广，如果有一个工具可以轻松地评估特定农村咨询服务方案的性别敏感性，并确定需要改进的具体领域，这将会很有帮助。

3. 支持农村咨询服务提供者进行性别敏感能力培养

鉴于性别敏感的农村咨询服务相关知识及其在实践中的应用之间存在一定差距，因此在农村咨询服务的体系内和服务中，引进、应用及（或）适应这些知识时，需要特别慎重。这种制度化过程不仅需要对农村咨询服务员工进行培训，而且还需要一种农村咨询服务管理政策和战略，以确保知识和工具在整个组织中得到整合运用。为了加强组织在政策、战略和方法方面的问责制，应在战略计划以及业务计划中采用按性别划分的可衡量目标和指标。这些过程可以通过在制度化进程中指导管理者和员工的外部促进措施给予一定支持。

农村咨询服务方案需要将性别因素贯穿到内容、规划与实施过程以及监测与评估当中。这就涉及要让性别敏感的工具和其他支撑材料适应于农村咨询服务组织的特定需求，并根据经验教训对其进行定期审查。还应促进良好做法的分享，并将其性别敏感性作为标准。政府、开发机构、捐助者和其他机构的有利环境将促进这种整合适应过程。此外，还应该开发运用信息通信技术的知识管理工具，使其更易于（用户）获取新知识，并通过交流进行持续学习。

一种对性别敏感的组织文化，对于女性员工的留任和服务供给的成功都是非常重要的，对这点大家已经形成了共识，但是，促进性别敏感的组织文化的组织政策却很稀缺。对于这些制度政策及其在农村咨询服务组织中的应用，也需要相关能力的培养。在不断进行联合学习的基础上，需要进行适应性管理，以促进员工参与变革进程。应向员工提供激励措施，以加强应对新的发展挑战与实现性别主流化所需的变革进程。管理组织内的性别促进与整合方式至关重要，这包括政策、战略、工作以及内部和外部的沟通。在农村咨询服务组织中，这样的变革进程应该通过一种组织发展方式得到发展伙伴的支持，在这种方式中，只为变革进程提供相应方法，但其所有权仍保留在农村咨询服务组织中。

4. 促进合作以推广良好做法，并为性别敏感的农村咨询服务所产生的影响提供证据

为了取得更大的影响，需要在农村咨询服务提供者和创新体系的参与者之间发展合作伙伴关系。只有在所有参与者对该使用哪些做法达成一致时，良好做法才能得到推广和扩展。因此，需要推进农业咨询服务网络和创新平台的建设，使利益相关者能够共同应对复杂的挑战并抓住发展机遇。

农村咨询服务所产生影响的证据，不仅政策制定者需要，支持性别敏感的农村咨询服务捐助者也常常需要。然而，农村咨询服务的可信基础数据常常是不足的，并且在许多国家常常是不完整的。这对农村咨询服务相关研究的可用性和严谨性造成了极大的影响，无论是服务层面还是体系层面。因此，为了提供有关性别敏感的农村咨询服务所产生影响的证据，对按性别划分的关于农村咨询服务提供者的方案与成果，其数据收集和分析迫切需要进行改进。考虑到现今多元化的农村咨询服务体系，这需要所有农村咨询服务提供者共同努力，并长期致力于将监测和评估作为一种管理工具，以便对农村咨询服务进行更多的基于证据的决策。在农村咨询服务提供者层面上，需要一个监测信息系统，用于农村咨询服务管理者、工作人员的学习和决策，同时也有助于形成一个整体的监测与评估系统。在农村咨询服务体系层面上，需要建立一个共同商定的、按性别和财富分类的基础数据与监测系统。此外，相关数据还需要与创新体系的其他参与者及政府的农业统计数据相统一。

除非政府、开发机构和捐助者根据国家整体的农村咨询服务政策确定财政措施，否则上述需求便无法实现。利益相关者在共同制定的方案中进行合作，同时参与政策制定进程及监测与评估过程，这不仅会产生一定成本，同时也伴随着更大的收益，因此需要加以监测。国家和地方的农村咨询服务提供者网络，可以培养或雇用有关专家来建立监测与评估系统，目的在于为性别敏感的农村咨询服务提供更多相关的、高效的、有效的证据，从而为政策制定提供信息，并提高农村咨询服务质量。

参 考 文 献

Abdelali-Martini, M. , Dey de Pryck, J. 2014. Does the feminisation of agricultural labour empower women? Insights from female contractors and workers in northwest Syria. *Journal of International Development*. http: // doi. org/10. 1002/jid. 3007.

Abi-ghanem, R. , Hall, J. , Carpenter-Boggs, L. , Koenig, R. T. , Ullman, J. L. & Murphy, K. M . 2013. Access to agricultural inputs, technology and information, communicating with farmers, and the role of women in agriculture: Perceptions of Iraqi extension agents. *Journal of International Agricultural Extension Education*, 20 (1) .

Access Agriculture. n. d. *Access Agriculture*. [online] Retrieved 12 December 2014, from www. accessagriculture. org.

Action Aid . 2013. Making Care Visible: Women's unpaid care work in Nepal, Nigeria, Uganda and Kenya. Retrieved from www. actionaid. org/publications/making-care-visible.

Adesina, A. A. , Djato, K. K. 1997. Relative efficiency of women as farm managers: Profit function analysis in Cote d'Ivoire. *Agricultural Economics*, 16 (1): 47 – 53.

AFAAS [African Forum for Agricultural Advisory Services] . 2011. *A review of case studies on targeting women advisory service providers in capacity development programmes Final report*. A consultancy report prepared for AFAAS by Margaret Najingo Mangheni. AFAAS, Kampala, Uganda and Accra, Ghana. Retrieved from: www. afaas-africa. org/media/uploads/ publications/afaas _ review _ of _ case _ studies _ women _ whole _ book. pdf.

Agrawal, A. 2001. Common property institutions and sustainable governance of resources. *World Development*, 29 (10): 1649 – 1672.

Al Shadiadeh, A. N. 2006. The relationship between gender roles and approaches in two rural areas in southern Gour in Jordan. *World Applied Sciences Journal*, 1 (2): 66 – 72.

Alderman, H. , Hoddinott, J. , Haddad, L. & Udry, C. 1996. *Gender differentials in farm productivity: implications for household efficiency and agricultural policy*. FCND Discussion Paper 6. Washington, D. C. , FCND.

Antonopoulos, R. 2009. *The unpaid care work-paid work connection*. ILO Working Paper Series No. 86. ILO, Geneva, Switzerland.

Arora, D. , Rada, C. 2013. *Gender differences in time and resource allocation in rural households in Ethiopia*. Paper presented at Association for the Study of Generosity in Economics/International Association for Feminist Economics Panel at Allied Social Science Association Meetings, Philadelphia, USA.

Asenso-Okyere, K. , Davis, K. 2009. *Knowledge and innovation for agricultural development*. IFPRI Policy Brief No. 11. IFPRI, Washington, D. C. , USA.

ADB[Asian Development Bank], FAO. 2013. *Gender equality and food security: women's empowerment as a tool against hunger*. ADB, Mandaluyong City, Philippines.

AWARD. 2015. *AWARD: African Women in Agricultural Research and Development* [online] . Retrieved 25 January 2015, from www. awardfellowships. org.

Awoyemi, T. T. , Oluwatayo, I. B. 2010. Gender mainstreaming of ICT projects: Lessons from rural South West Nigeria. *Libyan Agriculture Research Center Journal International*, 1 (2): 65 - 69.

BahadurGhartiMagar, S. 2011. *An assessment of men and women farmers' accessibility to governmental agriculture extension program: A case of Arghakhanchi District, Nepal*. Wageningen University, the Netherlands. Thesis submitted for Master Degree in Management of Development Specialization: Rural Development and Gender. Wageningen, the Netherlands, 2011 Retrieved from http: //edepot. wur. nl/192651.

Beintema, N. 2014. Enhancing female participation in agricultural research and development: rationale and evidence. *In*: A. Quisumbing, R. Meinzen-Dick, T. Raney, A. Croppenstedt, J. Behrman and A. Peterman (eds.) . *Gender in Agriculture: Closing the Knowledge Gap*. FAO, Rome, and Springer, Dordrect, THe Netherlands.

Bello-Bravo, J. , Seufferheld, F. , Agunbiade, T. A. 2011. Gender and farmer field schools in agricultural production systems in West Africa. *The International Journal of Science in Society*, 2 (4): 13 - 24.

Bishop-Sambrook, C. 2014. *Why we need to look inside the family, in the International Year of Family Farming*. Retrieved 3 February 2015, from http: //ifad-un. blogspot. it/ 2014/01/why-we-need-to-look-inside-family-in. html.

Blackden, C. M. , Wodon, Q. 2006. *Gender, time use, and poverty in sub-Saharan Africa*. World Bank Working Paper No. 23. World Bank, Washington, D. C. , USA.

Blum, M. L. , Sulaiman, R. (forthcoming) . Gender-sensitive agricultural extension. *In: Agricultural extension in transition worldwide: policies and strategies for reform*. FAO, Rome, Italy.

Blum, M. L. , Musoko, A. 2015. *Performance des boutiques d'intrants*, Présentation à l'Atelier sur les 'Résultats de l' Etude de IARBIC sur les Boutiques d'Intrants et les organisations paysannes', le 15 juin 2015, Niamey, Niger.

Buchy, M. , Basaznew, F. 2013. Gender-blind organizations deliver gender-biased services: The case of Awasa Bureau of Agriculture in southern Ethiopia. *Gender Technology and Development*, 9 (2): 235 - 251.

Budlender, D. 2008. *The statistical evidence on care and non-care work across six countries*. 4. Geneva. Retrieved from www. unrisd. org/80256B3C005BCCF9/ (httpAuxPages）/F9FEC4EA774573E7C1257560003A 96B2/MYMfile/BudlenderREV. pdf.

Campbell, D. A., Barker, T. S. 1998. Improving women farmers' access to extension services. Chapter 8, in: B. E. Swanson, R. P. Bentz and A. J. Sofranko (eds.). *Improving Agricultural Extension: A Reference Manual*, . FAO, Rome, Italy. Retrieved from: www. fao. org/docrep/w5830e/w5830e00. HTM.

Carl, M., Hartl, M. 2010. *Lightening the load: Labour-saving technologies and practices for rural women*. IFAD, Rome, Italy, and Practical Action Publishing.

Carter, J., Weigel, N. 2011. *Targeting women in rural advisory services*. HELVETAS Swiss Intercooperation Agriculture + Food Security Network Brief No. 1. HELVETAS, Zurich, Switzerland. Retrieved from www. shareweb. ch/site/Agriculture-and-Food-Security/focusareas/Documents/ras_targeting_women_nw_brief1. pdf.

CGIAR Research Program on Aquatic Agricultural Systems. 2012. Building Coalitions, Creating Change: An Agenda for Gender Transformative Research in Development Workshop Report, 3 - 5 October 2012, Penang Malaysia.

Chipeta, S. 2013. *Gender equality in rural advisory services*. GFRAS Brief No. 2. GFRAS, Lindau, Switzerland. Retrieved from www. g-fras. org/en/knowledge/gfras-publications/file/179-gender-equality-in-rural-advisory-services. html.

Chopra, D. 2015. *Balancing paid work and unpaid care work to achieve women's economic empowerment*. IDS Policy Briefing 8. IDS, Brighton, UK. Retrieved from http://opendocs. ids. ac. uk/opendocs/bitstream/ handle/123456789/5623/PB83_AGID316_Balancing_Online. pdf; jsessionid=43359481BB6357B5E0B09395554A3A78? sequence=1.

CIRD [Center for Integrated Rural Development] . 2011. Assessment of the public agricultural extension system of Palestine and recommendations for improvements. Ramallah, Palestine. Retrieved from www. ershad. moa. pna. ps/downloads/reports/20120717112803. pdf.

Cohen, M. J., Lemma, M. 2011. *Agricultural extension services and gender equality: an institutional analysis of four districts in Ethiopia*. ESSP II Working Paper 28. IFPRI, Addis Ababa, Ethyiopia, and Washington, D. C., USA.

CRISP India. n. d. *Reaching Rural Women*. [online] Retrieved from www. reachingruralwomen. org.

Crowley, E. 2013. *Ending Poverty: Learning from good practices of small and marginal farmers*. FAO, Rome, Italy.

Davis, K., Heemskerk, W. 2012. Investment in Extension and Advisory Services as Part of Agricultural Innovation Systems Overview. *In* World Bank. *Agricultural Innovation Systems: An Investment Sourcebook*. Washington, D. C., USA. Retrieved from http://dx. doi. org/10. 1596/9780821386842_CH03.

Davis, K., Nkonya, E., Kato, E., Mekonnen, D. A., Odendo, M., Miiro, R. & Nkuba, J. 2010. *Impact of farmer field schools on agricultural productivity and poverty in East Africa*. IFPRI Discussion Paper No. 00992. IFPRI, Washington, D. C. , USA. Retrieved from http: //docs. mak. ac. ug/sites/default/files/ BC4F6F3129C7772B852577 5100588D7F-Full _ Report. pdf.

DFID. 2013a. *Innovation platforms for agricultural value chain development*. ILRI Innovation Platforms Practice Brief 6. ILRI, Nairobi, Kenya and Addis Ababa, Ethiopia.

DFID. 2013b. *What are innovation platforms* ? Innovation Platforms Practice Brief 1. ILRI, Nairobi, Kenya, and Addis Ababa, Ethiopia. Retrieved from http: //r4d. dfid. gov. uk/ pdf/outputs/WaterfoodCP/Brief1. pdf.

Digital Green. 2013. *Digital Green*. [online] Retrieved March 19, 2015, from www. digitalgreen. org.

Doss, C. 2013. *Data needs for gender analysis in agriculture*. IFPRI Discussion Paper No. 01261. IFPRI, Washington, D. C. , USA.

Doss, C. R. 2002. Men's Crops? Women's Crops? The Gender Patterns of Cropping in Ghana. *World Development*, 30 (11): 1987 – 2000.

Esim, S. , Omeira, M. 2009. Rural women producers and cooperatives in conflict settings in arab states. *Gaps, Trends and Current Research in Gender Dimensions of Agricultural and Rural Employment: Differentiated Pathways out of Poverty*. Rome, Italy.

FAO. n. d. When the Price is Right. Retrieved from www. fao. org/gender/gender-home/gender-why/bite-sized-stories/when-the-price-is-right/en.

FAO. 1995. *Improving the relevance and effectiveness of agricultural extension activities for women farmers: an Andre Meyer Research Study*. FAO, Rome, Italy. Retrieved from www. fao. org/docrep/v4805e/v4805e00. HTM.

FAO. 1996. *Improving extension work with rural women*. FAO, Rome, Italy. Retrieved from www. fao. org/docrep/x0249e/x0249e00. htm♯Top Of Page.

FAO. 1998. Female Agricultural Extension Agents in El Salvador and Honduras: Do they have an impact? *In* L. Van Crowder &. FAO (eds.) . *Training for Agricultural Extension 1997—1998*. FAO, Rome, Italy. Retrieved from www. fao. org/docrep/W9699E/w9699e07. htm.

FAO. 2001. *Socio-Economic and Gender Analysis Programme (SEAGA) Field-Level Handbook*. FAO, Rome, Italy. Retrieved from www. fao. org/sd/seaga/downloads/Eng/ Field _ Engl. 2002. pdf.

FAO. 2003a. *Extension through women's community development groups: a case study of female extension assistants in Azad Jammu and Kashmir*. FAO, Rome, Italy. Retrieved from ftp: //ftp. fao. org/docrep/fao/005/ Y4766E/Y4766E00. pdf.

FAO. 2003b. *Gender: key to sustainability and food security gender and development. plan of action: gender and development*. FAO, Rome, Italy. Retrieved from ftp: // ftp. fao. org/docrep/fao/005/y3969e/y3969e00. pdf.

FAO. 2008. *Global review of good agricultural extension and advisory practices*. FAO,

Rome，Italy. Retrieved from http：//doi. org/10. 1080/1389224X. 2010. 489775.

FAO. 2010a. *Mobilizing the potential of rural and agricultural extension.* FAO，Rome，Italy. Retrieved from www. fao. org/docrep/012/i1444e/i1444e00. pdf.

FAO. 2010b. *Gender dimensions of agricultural and rural employment：differentiated pathways out of poverty. Status，trends and gaps.* FAO，Rome，Italy. Retrieved from www. fao. org/docrep/013/i1638e/i1638e. pdf.

FAO. 2011a. *From farmer to planner and back：harvesting best practices.* FAO，Rome，Italy. Retrieved from www. fao. org/docrep/005/y0354e/y0354e00. htm♯ Top Of Page.

FAO. 2011b. *Introducing demand-driven extension approach in a traditional region：a case study from Pakistan.* FAO，Rome，Italy. Retrieved from www. fao. org/3/a-i2354e. pdf.

FAO. 2011c. *The State of Food and Agriculture. Women in Agriculture：Closing the Gap for Development.* FAO，Rome，Italy. Retrieved from www. fao. org/docrep/013/i2050e/i2050e. pdf.

FAO. 2013. *Coping with the food and agriculture challenge：Smallholders' agenda. In：* 2012 United Nations Conference on Sustainable Development（Rio＋20）. Retrieved from www. fao. org/fileadmin/templates/nr/ sustainability _ pathways/docs/Coping _ with _ food _ and _ agriculture _ challenge Smallholder _ s _ agenda _ Final. pdf.

FAO. 2014a. *Family farmers：feeding the world，caring for the Earth.* FAO，Rome，Italy. Retrieved from www. fao. org/docrep/019/mj760e/mj760e. pdf.

FAO. 2014b. *The State of Food and Agriculture：Innovation in Family Farming.* FAO，Rome，Italy. Retrieved from www. fao. org/3/a-i4040e. pdf.

FAO. 2015. *Dimitra Project：Gender，rural women and development.*［online］Retrieved January 15，2015，from www. fao. org/dimitra/home/en/.

FAO. Forthcoming. *Estudio "Mujer Productora y Asistencia Técnica en América Latina y Caribe."* Rome，Italy：Oficina Regional para América Latina y el Caribe.

FAO，IFPRI. 2014. *Gender-specific approaches，rural institutions and technological innovations.* FAO，Rome，Italy，and IFPRI，Washington，D. C.，USA.

FAO.（Forthcoming）. FFS over 10 years：Spin-off effects and case studies. FAO，Rome，Italy.

Farnworth，C. 2012. *Household Approaches Synthesis Paper.* Prepared for Policy and Technical Advisory Service，Programme Management Department，IFAD. IFAD，Rome，Italy.

Farnworth，C. R. 2010. Gender-aware approaches in agricultural programmes：a study of Sida-supported agricultural programmes. *Sida Evaluation* 2010：3. Sida，Stockholm，SWeden,. Retrieved from www. oecd. org/countries/kenya/46145893. pdf.

Feder，G.，Savastano，S. 2006. The role of opinion leaders in the diffusion of new knowledge：The case of integrated pest management. *World Development*，34（7）：1287—1300. http：//doi. org/10. 1016/j. worlddev. 2005. 12. 004.

Ferrant, G. , Pesando, L. M. & Nowacka, K. 2014. *Unpaid Care Work: The missing link in the analysis of gender gaps in labour outcomes.* OECD Development Centre, Paris, France.

Franzel, S. 2012. *Farmer to farmer extension (FTFE): Lessons from extension providers and farmer trainers.* Presentation. World Agroforestry Centre. Retrieved from www. pim. cgiar. org/files/2013/07/Session‐2_Farmer-to-farmer-extension_Steve-Franzel. pdf.

Friis-Hansen, E, Duveskog, D. , and Taylor, E. 2012. Less noise in the household: the impact of Farmer Field Schools on Gender Relations. *Journal of Research in Peace, Gender, and Development*, 2 (2): 44—55.

Gale, C. , Collett, K. , Freccero, P. 2013. *Delivering extension services through effective and inclusive women's groups: the case of SEWA in India.* MEAS Case Study. MEAS, Urbana-Champaign, Illinois, USA.

Gallina, A. 2010. *Gender-aware approaches in agricultural programmes-international literature review.* SIDA, Stockholm, Sweden. Retrieved from www. sida. se/contentassets/5ecd73c4347846b890569e920b c24e1a/20103-gender-aware-approaches-in160agricultural-programmes‐8211‐international-literature-review_2924. pdf.

GFRAS. 2012. Guide to Evaluating Rural Extension. GFRAS, Lindau, Switzerland. Retrieved from www. g-fras. org/en/knowledge/gfras-publications. html? download = 78: guide-to-extension-evaluation.

GFRAS. 2014. *Gender equality in rural advisory services: towards a common understanding.* GFRAS, Lindau, Switzerland.

GIZ. 2012. *Gender and agricultural extension.* GIZ, Bonn, Germany. Retrieved from https: //www. giz. de/fachexpertise/downloads/giz2012-en-gender-and-agricultural-extension. pdf.

Golla, A. M. , Malhotra, A. , Nanda, P. , Mehra, R. 2011. *Understanding and measuring women's economic empowerment: definition, framework and indicators.* International Centre for Research on Women (ICRW), Washington, D. C. , USA. Retrieved from www. icrw. org.

GRAIN. 2014. *Hungry for Land: Small farmers feed the world with less than a quarter of all farmland.* GRAIN Barcelona, Spain. Retrieved from www. grain. org/article/entries/4929‐hungry-for-land-small-farmers-feed-the-world-with-less-than-a-quarter-of-all-farmland.

Grameen Foundation. 2010. *Community Knowledge Worker Pilot Report.* Grameen Foundation, Washington, D. C. , USA.

Grassi, F. , Landberg, J. , Huyer, S. 2015. *Running out of time: The reduction of women's work burdens in agricultural production.* FAO, Rome, Italy. Retrieved from www. fao. org/3/a-i4741e. pdf.

GREEN Foundation. 2013. *Mahila Kisan SaShakthikaran Pariyojana Annual Report* *2013*. Bangalore，GREEN Foundation. Retrieved from www. greenfoundation. in/mksp/wp-content/uploads/2014/09/MKSP-Annual-Report－2013－14. pdf.

Harvin，K. 2013. *Lessons Learned from Locally Produced Videos-the Approach of Digital* *Green in India*. MEAS Case Study No. 7. MEAS，Urbana-Champaign，Illinois，USA.

Hassan，M. Z. Y. ，Ali，T. ，Naeem，M. R. 2014. Obstacles to gender mainstreaming in agricultural extension in the Punjab，Pakistan. *International Journal of Agricultural Ex-* *tension*，2（2）：96－99.

Herbel，D. ，Crawley，E. ，Ourabbah Haddad，N. ，Lee，M. 2012. *Good practices in* *building innovative rural institutions to increase food security*. IFAD &. FAO，Rome，It-aly. Retrieved from www. fao. org/docrep/016/ ap096e/ap096e. pdf.

High Level Panel of Experts（HLPE）. 2013. *Investing in Smallholder Agriculture for* *Food Security*. A report by the HLPE on Food Security and Nutrition at the Fortieth Ses-sion of the Committee on World Food Security. Rome，Italy，7－11 October 2013. Re-trieved from：www. fao. org/docrep/meeting/029/mi035e. pdf.

Hoddinott，J. ，Haddad，L. 1995. Does female income share influence household expenditure patterns? *Oxford Bulletin of Statistics*，57（1）：77－96.

Horrell，S. ，Krishnan，P. 2007. Poverty and productivity in female-headed households in Zimbabwe. *Journal of Development Studies*，43（8）：1351－1380.

Hunt，J. 2000a. *Institutionalising gender equality commitments in development organisati-* *ons and programs*. Report for the Winston Churchill Memorial Trust of Australia. Retrieved from www. churchilltrust. com. au/media/ fellows/Hunt _ Juliet _ 2000. pdf.

Hunt，J. 2000b. Understanding Gender Equality in Organisations：A Tool for Assessment and Action. *Development Bulletin*，51，73－76.

Huyer，S. ，Hafkin，N. ，Ertl，H. ，Dryburgh，H. 2005. Women in the Information Soci-ety. *In*：G. Sciadas（ed. ）. *The Digital Divide and Digital Opportunities*.

IFAD. 2011. *Rural Poverty Report* 2011. IFAD，Rome，Italy. Retrieved from www. if-ad. org/rpr2011/report/e/rpr2011. pdf.

IFAD. 2014. *Case study*：*Household Approach*，*Zambia*. IFAD，Rome，Italy.

ILO. 2012. *A Manual for Gender Audit Facilitators-the ILO Participatory Gender Audit* *Methodology*. International Labour Organization，Geneva，Switzerland.

Indian Ministry of Rural Development. 2013. Empowerment of Women. *Indian Ministry of* *Rural Development Annual Report* 2012－2013，Chapter 8.

Jafry，T. ，Sulaiman，R. 2013. Gender-sensitive approaches to extension programme de-sign. *Agricultural Education and Extension*，19（5）：469—485. Retrieved http：// dx. doi. org/10. 1080/1389224X. 2013. 817345.

Jiggins, J., Samanta, R. K., Olawoye, J. 1997. Improving women farmers' access to extension services. Chapter 9, *in*: B. E. Swanson, R. P. Bentz & A. J. Sofranko (eds.). *Improving Agricultural Extension*: *A Reference Manual*. FAO, Rome, Italy. Retrieved from www. fao. org/docrep/w5830e/w5830e0b. htm.

Johnson-Welch, C., Alemu, B., Msaki, T. P., Sengendo, M., Kigutha, H., Wolff, A. 2000. *Improving household food security*: *Institutions, gender, and integrated approaches*. BASIS CRSP, Madison, Wisconsin, USA.

Kaaria, S., Osorio, M. 2014. Women's participation in rural organizations: Why is it important for improving livelihoods and sustainable management of natural resources? *Nature and Faune Journal*, 29 (1): 12 – 16.

Kes, A. & Swaminathan, H. 2006. Gender and Time Poverty in Sub-Saharan Africa. Chapter 2, *in*: C. M. Blackden and Q. Modon (eds.). *Gender, Time Use and Poverty in Sub-Saharan Africa*. World Bank Working Paper No. 23. World Bank, Washington, D. C., USA.

Kinkingninhoun-Mêdagbé, F. M., Diagne, A., Simtowe, F., Agboh-Noameshie, A. R., Adégbola, P. Y. 2010. Gender discrimination and its impact on income, productivity, and technical efficiency: evidence from Benin. *Agriculture and Human Values*, 27 (1): 57 – 69.

Kumase, W. N., Bisseleua, H., Klasen, S. 2010. *Opportunities and constraints in agriculture*: *A gendered analysis of cocoa production in Southern Cameroon*. Courant Research Centre Discussion Paper No. 27. Gottingen University, Gottingen, Germany.

Lowder, S. K., Skoet, J., Singh, S. 2014. *What do we really know about the number and distribution of farms and family farms in the world*? Background Paper No. 14 – 02, for the *State of Food and Agriculture* 2014. FAO, Rome, Italy. Retrieved from www. fao. org/docrep/019/i3729e/i3729e. pdf.

Ludgate, N., Augustine, K., Akroush, S., Allen, J., Russo, S., Nwar, L. A. 2015. *Working with Women's Groups in Jordan-building networks and social capital*. MEAS Report. MEAS, Urbana-Champaign, Illinois, USA.

Manfre, C. 2012. Extending the benefits: Gender-equitable, ICT-enabled Agricultural Development. *ICT in Agriculture Sourcebook*. Online Module. Retrieved from www. ictinagriculture. org/sites/ictinagriculture. org/ files/final _ Module4. pdf.

Manfre, C., Nordehn, C. 2013. *Exploring the Promise of Information and Communication Technologies for Women Farmers in Kenya*. MEAS Case Study. MEAS, Urbana-Champaign, Illinois, USA. Retrieved from www. culturalpractice. com/resources/exploring-the-promise-of-information-and-communication-technologies-for-women-farmers-in-kenya.

Manfre, C., Rubin, D., Allen, A., Summerfield, G., Colverson, K., Akeredolu, M. 2013. *Reducing the gender gap in agricultural extension and advisory services*: *how to find the best fit for men and women farmers*. MEAS Discussion Paper No. 2. MEAS, Urbana-Champaign, Illinois, USA.

Mbo'o-Tchouawou, M., Colverson, K. 2014. *Increasing access to agricultural extension and advisory services: How effective are new approaches in reaching women farmers in rural areas?* ILRI, Addis Ababa, Ethiopia. Retrieved from https: //cgspace. cgiar. org/ bitstream/handle/10568/35495/PR _ extension services. pdf? sequence=5.

Meinzen-Dick, R., Quisumbing, A., Berhman, J., Biermayer-Jenzano, P., Wilde, V., Noordeloos, M., Beintema, N. 2011. *Engendering agricultural research, development, and extension*. IFPRI, Washington, D. C., USA.

Meinzen-Dick, R., Quinsumbing, A. R., Behrman, J. A. 2014. A System that Delivers: Integrating gender into agricultural research, development, and extension. *In:* A. R. Quisumbing, R. Meinzen-Dick, T. L. Raney, A. Croppenstedt, J. A. Behrman and A. Peterman, (eds.) . *Gender in Agriculture: Closing the Knowledge Gap*. FAO, Rome, Italy.

Mogues, T., Cohen, M. J., Birner, R., Lemma, M., Tadesse, F., Paulos, Z. 2009. *Agricultural Extension in Ethiopia through a Gender and Governance Lens*. Discussion Paper No. ESSP 2007. IFPRI, Addis Ababa, Ethiopia, and Washington, D. C., USA.

Naimir-Fuller, M. 1994. *Women Livestock Managers in the Third World: A focus on Technical Knowledge*. IFAD Staff Working Paper Series No. 18. IFAD, Rome, Italy. Retrieved from www. ifad. org/gender/thematic/livestock/ live _ 2. htm.

NALEP. 2010. *A Guide for Mainstreaming Gender in the Agricultural Sector*. Ministry of Agriculture and Ministry of Livestock Development, Nairobi, Kenya. Retrieved from www. nafis. go. ke/wp-content/uploads/2011/12/ nalep-gender-mainstreaming-guide. pdf.

O'Sullivan, M., Rao, A., Banerjee, R., Gulati, K., Vinez, M. 2014. *Levelling the Field: Improving Opportunities for Women Farmers in Africa*. Vol. 1. World Bank Group, Washington, D. C., USA. Retrieved from http: //documents. worldbank. org/ curated/en/2014/01/19243625/levelling-field-improving-opportunities-women-farmers-africa.

OECD. 2010. *Strategies to Improve Rural Service Delivery*. OECD, Paris, France. Retrieved from www. oecd. org/gov/regional-policy/oecdruralpolicyreviewsstrategiestoimprov eruralservicedelivery. htm.

OXFAM. 2013. *Women's Collective Action: Unlocking the Potential of Agricultural Markets*. Oxfam, UK. Retrieved from http: //policy-practice. oxfam. org. uk/publications/ womens-collective-action-unlocking-the-potential-of-agricultural-markets - 276159.

Ozcatalbas, O., Akcaoz, H. 2010. Rural women and agricultural extension in Turkey. *Journal of Food, Agriculture and Environment*, 8 (1): 261 - 267. Retrieved from http：//world-food. net/download/journals/2010-issue_1/39. pdf.

Peterman, A. , Behrman, J. , Quisumbing, A. R. 2010. *A Review of Empirical Evidence on Gender Differences in Nonland Agricultural Inputs, Technology, and Services in Developing Countries.* IFPRI Discussion Paper 975. Washington, D. C. , IFPRI. Retrieved from http：//ebrary. ifpri. org/cdm/ref/collection/p15738coll2/id/1464.

Petrics, H. , Barale. K. Forthcoming. *Applying a human rights-based approach and organizational change theory to create an enabling environment for gender-sensitive extension and rural advisory services in Guatemala.* FAO, Rome, Italy.

Poats, V. S. , Schmink, M. , Spring, A. (eds.) . 1998. *Gender issues in farming systems research and extension.* Westview Press, Boulder, Colorado, USA.

PRADAN. 2015. *Gender Equality Project.* [online] Retrieved April 21, 2015, from www. pradan. net/index. php? option=com_content&task=view&id=211&Itemid=132.

Quisumbing, A. R. , Brown, L. , Feldstein, H. , Haddad, L. , Pena, C. 1995. *Women：The key to food security.* Food Policy Report. IFPRI, Washington, D. C. , USA. Retrieved from http：//archive. unu. edu/unupress/ food/8F171e/8F171E0g. htm.

Quisumbing, A. R. , Maluccio, J. A. 2003. Resources at marriage and intrahousehold allocation：evidence from Bangladesh, Ethiopia, Indonesia, and South Africa. *Oxford Bulletin Economics of Statistics*, 65 (3)：283 – 327.

Quisumbing, A. R. , Pandolfelli, L. 2009. *Promising approaches to address the needs of poor female farmers：resources, constraints, and interventions.* IFPRI Discussion Paper 882. IFPRI, Washington, D. C. , USA.

Ragasa, C. 2014. Improving gender responsiveness of agricultural extension. pp. 411 – 430, in: A. R. Quisumbing, R. Meinzen-Dick, T. Raney, A. Croppenstedt, J. A. Behrman and A. Peterman (eds.) . *Gender in Agriculture：Closing the Knowledge Gap.* FAO, Rome, Italy, and Springer.

Ragasa, C. , Berhane, G. , Tadesse, F. , Taffesse, A. S. 2013. Gender differences in access to extension services and agricultural productivity. *The Journal of Agricultural Education and Extension*, 19 (5)：437 – 468. http：//doi. org/10. 1080/1389224X. 2013. 817343.

Rao, A. 2012. Sustaining women's agricultural livelihoods：Why can't global institutions get it right? *In：* W. Harcort (ed.) . *Women Reclaiming Sustainable Livelihoods：Spaces Gained, Spaces Lost.* Palgrave, London, UK.

Rubin, D. , Manfre, C. 2014. Promoting gender-equitable agricultural value chains：issues, opportunities and next steps. *In：* A. R. Quisumbing, R. Meinzen-Dick, T. Raney, A. Croppenstedt, J. Behrman and A. Peterman (eds.) . *Gender in Agriculture：Closing the Knowledge Gap.* FAO, Rome, Italy, and Springer.

Saito, K. A. , Weideman, C. J. 1992. *Agricultural extension for women farmers in Africa.* World Bank, Washington, D. C. , USA.

SEWA. 2009. *Self Employed Women's Organization*. [online] Retrieved 1 February 2015, from www. sewa. org.

Spring, A. 1985. The Women in Agricultural Development Project in Malawi: Making Gender-Free Development Work. pp. 71 - 75, *in*: R. S. Gallin and A. Spring (eds.) . *Women Creating Wealth: Transforming Economic Development*. Association for Women in Development, Washington, D. C. , USA.

Spring, A. 1986. *Reaching female farmers through male extension workers in Malawi*. FAO, Rome, Italy.

Sulaiman, R. , Davis, K. 2012. *The "New Extensionist": roles, strategies, and capacities to strengthen extension and advisory services*. GFRAS, Lindau, Switzerland. Retrieved from www. g-fras. org/en/knowledge/ gfras-publications/file/126 - the-new-extensionist-position-paper? start=20.

Sulaiman, R. V, Kalaivani, N. J. , Mittal, N. , Ramasundaram, P. 2011. *ICTs and empowerment of Indian rural women, what can we learn from on-going initiatives?* CRISP working paper 001. CRISP, Hyderabad, India.

UN Women. 2015. *Progress of the World's Women* 2015—2016: *Transforming Economies, Realizing Rights*. UN Women, New York, USA. Retrieved from http: //progress. unwomen. org/en/2015/pdf/UNW _ progressreport. pdf.

UNDESA. 2010. *The World's Women* 2010. United Nations Department of Economic and Social Affairs, New York, USA.

UNDP. 1995. Valuing Women's Work. *In*: *Human Development Report*. UNDP, New York, USA.

USAID. 2012. *Gender mainstreaming in ICT for agriculture*. USAID, Washington, D. C. , USA. Retrieved from www. ngoconnect. net/documents/592341/749044/Gender + Mainstreaming＋in＋ICT＋for＋Ag. pdf.

Van den Bold, M. , Quisumbing, A. R. , Gillespie, S. 2013. *Women's Empowerment and Nutrition: An Evidence Review*. IFPRI Discussion Paper 1294. IFPRI, Washington, D. C. , USA. Retrieved from http: //ebrary. ifpri. org/cdm/ ref/collection/p15738coll2/id/127840.

Van der Ploeg, J. D. 2013. Ten Qualities of Family Farming. [online] AgriCulture Network. Retrieved from www. agriculturesnetwork. org/magazines/global/family-farming/theme-overview.

Villarreal, M. 2008. Gender and hunger in the context of the recent crises: underlying factors. pp. 101 - 132, *in*: C. Verschuur (ed.) . *Du grain à moudre. Genre, développement rural et alimentation*. Berne, DDC-Commission nationale suisse pour l'UNESCO and Geneva, IHEID. Retrieved from http: //graduateinstitute. ch/files/live/sites/ iheid/files/sites/genre/shared/Genre _ docs/Actes _ 2010/Actes _ 2010 _ Villarreal. pdf.

Wettasinha，C.，Waters-Bayer，A. 2013. Case Study: Promoting local innovation and participatory innovation development as a means of adapting to climate change: sharing and learning within the PROLINNOVA network. *Knowledge Management for Development Journal*，9（1）：108 – 114. Retrieved from http://journal. km4dev. org/ index. php/ km4dj/article/viewFile/123/209.

Woldu，T.，Tadesse，F.，Waller，M. 2013. *Women's participation in agricultural cooperatives in Ethiopia*. ESSP II Discussion Paper No. 57. IFPRI，Addis Ababa，Ethiopia. Retrieved from http://ebrary. ifpri. org/cdm/ref/collection/ p15738coll2/id/127748.

World Bank. 1997. Chad Poverty Assessment: Constraints to Rural Development. World Bank，Washington，D. C.，USA.

World Bank. 2012. *Gender equality in development*. *World Development Report* 2012. World Bank，Washington，D. C.，USA.

World Bank. 2014. *World Development Indicators: Education Completion and Outcomes*. World Bank，Washington，D. C.，USA. Retrieved from http://wdi. worldbank. org/table/2. 13.

World Bank，FAO，IFAD. 2009. *Gender in Agriculture Sourcebook*. World Bank Group，Washington，D. C.，USA.

World Bank，IFPRI. 2010. *Gender and Governance in Rural Services*. World Bank，Washington，D. C.，USA.